近代经济生活系列

海关史话

A Brief History of Customs in China

陈霞飞　蔡渭洲 / 著

社会科学文献出版社

SOCIAL SCIENCES ACADEMIC PRESS (CHINA)

图书在版编目（CIP）数据

海关史话/陈霞飞，蔡渭洲著 . —北京：社会科学文
献出版社，2012.3
（中国史话）
ISBN 978 - 7 - 5097 - 1608 - 3

Ⅰ . ①海… Ⅱ . ①陈… ②蔡… Ⅲ . ①海关 - 经济
史 - 中国 Ⅳ . ①F752.59

中国版本图书馆 CIP 数据核字（2011）第 274955 号

"十二五"国家重点出版规划项目

中国史话·近代经济生活系列

海关史话

著　　者/陈霞飞　蔡渭洲

出 版 人/谢寿光
出 版 者/社会科学文献出版社
地　　址/北京市西城区北三环中路甲 29 号院 3 号楼华龙大厦
邮政编码/100029

责任部门/人文分社（010）59367215
电子信箱/renwen@ ssap.cn
责任编辑/黄　丹
责任校对/戴　赟
责任印制/岳　阳
总 经 销/社会科学文献出版社发行部
　　　　　（010）59367081　59367089
读者服务/读者服务中心（010）59367028

印　　装/北京画中画印刷有限公司
开　　本/889mm×1194mm　1/32　印张/5.5
版　　次/2012 年 3 月第 1 版　　字数/108 千字
印　　次/2012 年 3 月第 1 次印刷
书　　号/ISBN 978 - 7 - 5097 - 1608 - 3
定　　价/15.00 元

总　序

　　中国是一个有着悠久文化历史的古老国度，从传说中的三皇五帝到中华人民共和国的建立，生活在这片土地上的人们从来都没有停止过探寻、创造的脚步。长沙马王堆出土的轻若烟雾、薄如蝉翼的素纱衣向世人昭示着古人在丝绸纺织、制作方面所达到的高度；敦煌莫高窟近五百个洞窟中的两千多尊彩塑雕像和大量的彩绘壁画又向世人显示了古人在雕塑和绘画方面所取得的成绩；还有青铜器、唐三彩、园林建筑、宫殿建筑，以及书法、诗歌、茶道、中医等物质与非物质文化遗产，它们无不向世人展示了中华五千年文化的灿烂与辉煌，展示了中国这一古老国度的魅力与绚烂。这是一份宝贵的遗产，值得我们每一位炎黄子孙珍视。

　　历史不会永远眷顾任何一个民族或一个国家，当世界进入近代之时，曾经一千多年雄踞世界发展高峰的古老中国，从巅峰跌落。1840 年鸦片战争的炮声打破了清帝国"天朝上国"的迷梦，从此中国沦为被列强宰割的羔羊。一个个不平等条约的签订，不仅使中国大量的白银外流，更使中国的领土一步步被列强侵占，国库亏空，民不聊生。东方古国曾经拥有的辉煌，也随着西方列强坚船利炮的轰击而烟消云散，中国一步步堕入了半殖民地的深渊。不甘屈服的中国人民也由此开始了救国救民、富国图强的抗争之路。从洋务运动到维新变法，从太平天国到辛亥革命，从五四运动到中国共产党领导的新民主主义革命，中国人民屡败屡战，终于认识到了"只有社会主义才能救中国，只有社会主义才能发展中国"这一道理。中国共产党领导中国人民推倒三座大山，建立了新中国，从此饱受屈辱与蹂躏的中国人民站起来了。古老的中国焕发出新的生机与活力，摆脱了任人宰割与欺侮的历史，屹立于世界民族之林。每一位中华儿女应当了解中华民族数千年的文明史，也应当牢记鸦片战争以来一百多年民族屈辱的历史。

当我们步入全球化大潮的 21 世纪，信息技术革命迅猛发展，地区之间的交流壁垒被互联网之类的新兴交流工具所打破，世界的多元性展示在世人面前。世界上任何一个区域都不可避免地存在着两种以上文化的交汇与碰撞，但不可否认的是，近些年来，随着市场经济的大潮，西方文化扑面而来，有些人唯西方为时尚，把民族的传统丢在一边。大批年轻人甚至比西方人还热衷于圣诞节、情人节与洋快餐，对我国各民族的重大节日以及中国历史的基本知识却茫然无知，这是中华民族实现复兴大业中的重大忧患。

中国之所以为中国，中华民族之所以历数千年而不分离，根基就在于五千年来一脉相传的中华文明。如果丢弃了千百年来一脉相承的文化，任凭外来文化随意浸染，很难设想13亿中国人到哪里去寻找民族向心力和凝聚力。在推进社会主义现代化、实现民族复兴的伟大事业中，大力弘扬优秀的中华民族文化和民族精神，弘扬中华文化的爱国主义传统和民族自尊意识，在建设中国特色社会主义的进程中，构建具有中国特色的文化价值体系，光大中华民族的优秀传统文化是一件任重而道远的事业。

当前，我国进入了经济体制深刻变革、社会结构深刻变动、利益格局深刻调整、思想观念深刻变化的新的历史时期。面对新的历史任务和来自各方的新挑战，全党和全国人民都需要学习和把握社会主义核心价值体系，进一步形成全社会共同的理想信念和道德规范，打牢全党全国各族人民团结奋斗的思想道德基础，形成全民族奋发向上的精神力量，这是我们建设社会主义和谐社会的思想保证。中国社会科学院作为国家社会科学研究的机构，有责任为此作出贡献。我们在编写出版《中华文明史话》与《百年中国史话》的基础上，组织院内外各研究领域的专家，融合近年来的最新研究，编辑出版大型历史知识系列丛书——《中国史话》，其目的就在于为广大人民群众尤其是青少年提供一套较为完整、准确地介绍中国历史和传统文化的普及类系列丛书，从而使生活在信息时代的人们尤其是青少年能够了解自己祖先的历史，在东西南北文化的交流中由知己到知彼，善于取人之长补己之短，在中国与世界各国愈来愈深的文化交融中，保持自己的本色与特色，将中华民族自强不息、厚德载物的精神永远发扬下去。

《中国史话》系列丛书首批计 200 种，每种 10 万字左右，主要从政治、经济、文化、军事、哲学、艺术、科技、饮食、服饰、交通、建筑等各个方面介绍了从古至今数千年来中华文明发展和变迁的历史。这些历史不仅展现了中华五千年文化的辉煌，展现了先民的智慧与创造精神，而且展现了中国人民的不屈与抗争精神。我们衷心地希望这套普及历史知识的丛书对广大人民群众进一步了解中华民族的优秀文化传统，增强民族自尊心和自豪感发挥应有的作用，鼓舞广大人民群众特别是新一代的劳动者和建设者在建设中国特色社会主义的道路上不断阔步前进，为我们祖国美好的未来贡献更大的力量。

陈奎元

2011 年 4 月

目　录

一 近代以前的中国海关

　　要谈海关，首先必须给海关一词下个确切定义。这并不容易。因为古代、近代、当代各个历史时期海关的任务并不完全相同。不过，从海关的主要职能来看，也有它的共同之处。那就是：海关是建立在一定经济基础之上的国家机器的组成部分；是国家设在口岸，管理进出国境的货物、人员、运输工具，征收关税、执行禁令并办理有关事务的行政机关。一般它是偏重担任国家经济方面的职能。但在有些时期、有些国家，它同时也带有强烈的军事、政治色彩。如果用一句话来概括的话，海关是每个国家的大门或每个国家大门的钥匙。

　　海关的出现虽以国家的产生为其前提，但也并不是在国家产生的初期就有海关。国家事务增多了，国家机构分工细密了，对外贸易和国际交往发展了，海关也就逐步建立、发展起来了。从许多国家的情况来看，早期的海关主要是为了管理人员出入境和执行禁令而建立的。到了近代，海关才和对外贸易有了密切关系。

　　中国是世界的文明古国，海关历史自然悠久。根据考古发掘和古籍记载，距今约 3000 年的西周，开始设"关"。到了春秋战国，关卡增多，开始征收关税。那时设立的都是陆地关。有些设在边境，例如陇关、萧关，多数是设在各诸侯国之间，带着强烈的军事色彩。这时"关"的任务是根据政府法令检查进出境的使节、官员、商旅等所带货物。我国的"关"征收关税是从公元前 8 世纪，即春秋前期开始的。那时税率较低。到了战国时期关卡增多，税率提高。因为它限制了封建经济的发展，思想家如晏婴、孟轲、荀卿、韩非等都先后起而反对。他们主张薄赋节用，轻税富民，认为古时"关讥（稽）而不征"是王政，"讥"就是查一查、问一问的意思。只查问却不征收税，老百姓就说好。而战国时期（公元前 475～前 221 年）的税收增高，竟达到了苛政的地步，那就不利于民了。

秦统一中国，诸侯国国界消失，有些"关"撤销或改作内地关。这些设在边境和交通要道上古代的"关"，便随着中华民族的发展和融合，以及海上交通的增加而逐步推向沿海。汉时设在"丝绸之路"上的古代名关玉门关和阳关，当时同属敦煌郡。这两个"关"对中外交往和社会经济文化的发展，都起了重要的促进作用。从此以后的王朝，就都十分重视在沿海或内地的城镇设置关卡。著名的如居庸关、雁门关、嘉峪关、镇南关和北京的崇文门关，都执行着海关任务。从秦汉至明清，"关"的名称一直沿用未变。而边境关和内地关的长期并存，却是中国封建社会海关的一个重要特点。到了唐玄宗时代，开始在广州设立了

"市舶司"，专司管理海运进出境货运并管理外商，类似现代海关的机构。有清一代起初坚持闭关政策。1684年，清政府宣布开放海禁，在广州、漳州（今厦门）、宁波、江南（今上海）四处设立海关，称为粤海关、闽海关、浙海关、江海关。尽管早在西汉著名学者刘向的《列女传·珠崖二义》一书中，"海关"之名即已出现，但在政府文献中，在"关"之前加"海"字，却是始于此时。

"市舶司"制度延续了约1000年，历经唐、宋、元、明。总的来看，对来华外商采取的政策还是优待照顾的。它对于巩固和维护封建国家，扩大对外影响，发展社会生产，都起过一定的积极作用。清时所设四处海关都属于户部管理，所以又称"户关"。负责官员称"监督"。四关之中，粤海关最为重要。清政府设立了这四处海关，虽说是"开放海禁"，其实也仍然是执行着它的"闭关政策"。从清乾隆二十二年（1757）起，又限定只有粤海关一处为外国商船来往的口岸。其他三个关虽未裁撤，却只准本国商船出入港口。这一"闭关政策"，对海外贸易的品种、数量、各类人员的国际交往、中国籍海船的大小、船员人数等等有许多不合理的限制。与此同时还实行了"行商制度"。广东的"公行"（有名的有十三行）是封建性外贸垄断组织。它的存在，是不利于我国主要的出口货物丝、茶的生产和运输的。

明代以前，中国的经济居于世界前列。明中叶以后，中国的大国地位渐次沦落，直至成为半殖民地，其中重要的原因就是：封建政府长期推行海禁闭关政策。这种政策，虽在某些时候也有限制外国侵略者活动的作用，但它对中国社会的前进，却起着严重的阻碍作用，造成中国民穷国弱、落后挨打。闭关政策下的清朝海关，贪污腐败，终于在以英国为首的西方殖民势力的鸦片走私和军舰大炮的进攻下，在一片硝烟中被帝国主义者打开了。

关于中国古代海关的起源，在研究海关史的学者中是存在着争论的。例如，有人认为商代"关市之征"就是海关的起源；有的人又认为隋代设"交市监"或唐代设"市舶司"才是起源；更有人认为清初设"沿海四关"是海关之始。这些争论对我们来说只有学术上参考的价值。因为，我们此处要说的是中国近代的海关。

二 鸦片战争和中国海关主权的丧失

　　鸦片战争以前，中国的海关大权是掌握在皇帝直接派遣的海关监督手中的。具有官商性质的行商，是对外贸易的经营者。行商制度受到外国商人的反对。以英国为首的帝国主义者累次要求废除行商，增加口岸。这种涉及一个国家主权的要求，原本只能通过和平协商求得解决。然而，国弱民穷的中国，在他们大炮火轮的威胁下，只好完全满足他们的要求。

　　鸦片战争前的 70 年间，以英国人为主，外国商人一年比一年更凶地向中国贩运鸦片。到了鸦片战争前几年，每年多到 4 万箱左右。每箱按质量高低，出售价格在 400～800 银元。鸦片大量进口的恶果之一，就是现银的大量出口，造成中国银贵钱贱。早在 1779 年中国就禁止鸦片进口，只是累禁不止，鸦片仍源源不绝地输入中国。许多地方官多在鸦片走私当中得到好处，因此，英、美的烟贩才能无所顾忌地从事鸦片走私。林则徐认为："若犹泄泄视之，是使数十年后，中原几无可以御敌之兵，且无可以充饷之银。"由走私鸦

5

片引起了中英鸦片战争，屈辱的清政府吃了败仗后签订了中英《江宁（南京）条约》，规定中国开辟五口通商，废除行商制度。1843 年签订的中英《五口通商章程》中规定了具体的关税交纳办法，都由五口的英国领事担保。这个章程中规定的"领事报关制"使中国的海关征税权第一次受到外国的侵犯。在订立这个条约的过程中，暴露了清政府不了解外情的可怕无知。在议订条约之先，英国大臣璞鼎查（H. Pottinger）提出割让香港岛和自由通商二事，由中国任择其一。清政府的全权大臣耆英，竟认为香港岛"乃不毛之地"，"弃之不足惜"，"通商章程亦无关重要"。他只争北京不驻外国公使和赔款数目的多少。三天当中，在英国武力压迫下，他就匆促地签订了《通商输税章程》并割让了香港岛。英国人发难于先，美、法继起于后，以这个丧权辱国的南京条约为开端，清政府以后接连和这些帝国主义国家订立了一系列的不平等条约。这些条约，除割地赔款、开放通商口岸并给予列强领事裁判权、片面最惠国待遇和内地通商、内河航行等特权外，大部分条款都和夺取关税自主权和侵犯海关行政权直接有关。从此，我国海关除继续为封建统治者服务外，开始转变为受帝国主义控制的半殖民地半封建性质的海关。

订了通商章程，中国的税收权益受到保护了吗？恰恰相反，走私更猖獗了！1847 年广州向英国出口的丝、茶为 4500 万磅，海关征税 130 万两；1848 年丝、茶出口增加到 4600 万磅，海关的税收反而降到

95万两。其他几口的贸易，也至少有一半是通过走私进行的。鸦片的输入量更是年年增加。1840年时鸦片走私进口是15619箱。1856年竟达到了58606箱！鸦片走私流失了大量白银，造成清政府财政经济上的严重危机；中国人民的身体和精神，更遭到无比的摧残。

虽然如此的丧权辱国，但此时各地的海关管理权仍是掌握在清政府派的海关监督手里。外国侵略者对此并不甘心，他们在处心积虑地相机侵夺中国的海关管理权。

1853年9月，上海小刀会起义，响应太平天国运动。他们占领了上海县城和江海关。苏松太道兼海关监督吴健彰逃到租界。海关工作停顿，外商拒纳关税。英国驻上海领事阿礼国（A. Alcock）立即串通外商，实行了"领事代征"制度。只要外商写一份空头的付税"保证书"，在领事的包庇下，船货便可离港出口。这种方法其实是个"障眼法"。这里需要用点例子来说明：1850年上海怡和洋行经理达拉斯（A. G. Dallas）雇用的一艘英国船，在吴淞口起卸鸦片后进港，没有履行报关手续，从上海装运生丝出口；另一例是1851年，英国船从上海装载40多万磅茶叶出口，报关数仅有20多万磅。被缉破后，正任上海英领事的阿礼国，不履行中英条约规定（英国领事有责任协助中国海关征收税饷、禁止英商走私漏税、中国海关有权没收私货的规定），反而颠倒黑白地以清朝官员纵容走私为借口，让英商补交了税金和少数罚款，却不准中国海关依法没收私货，便草草了结了这两件走私大案。这时的"领事代征"只不过是事实上使外商拒付关税"合法化"罢了。吴健彰无奈，在清政府同意下，找了英、法、美三国领事会商，决定了八条办法。这八条的要点是：海关引用外籍人员作为道台征税的"助手"；三国领事各派一人组成"关税管理委员会"。这受指派的外籍人员称税务司（Inspector of Customs）。这个办法自 1854 年 7 月 12 日开始实行。第一任"关税管理委员会"的成员英方是曾任上海副领事的威妥玛（T. F. Wade），法方是领事馆译员史亚实（A. Smith），美方是贾流意（L. Carr），实权操在威妥玛手中。他雇用了一批洋人代替海关监督征收关税，查缉走私。这帮人在上海外滩设了个"江海北关"，又称"洋关"或称"新关"。这就是外人控制下的第一个半殖民地海关。原设于上海县城的"江海关"称为"江海大关"或"老关"、"常关"。它的作用则沦为仅能管理沿海贸易和国际贸易中的中国籍帆船以及它所载货物。

在这帮洋人控制下的"洋关"，包庇走私，处处方便洋商，特别是鸦片和粮食这类违禁品，因而上海的贸易立增，竟超过了广州。新关即洋关建立的第二年，上海对英输出比上年增加了 75%，自英输入增加了 200%。英国当即指派了一个叫李泰国（H. N. Lay）的人来接替威妥玛当江海关的税务司。

李泰国是一个中国通。这时他已来华十几年了，不但能说汉语，还能说广东话。李为人精明，但是傲慢独断，专横跋扈，外号叫"小霸王"。这时，上海海关的关务实际上掌握在他一人手中。

西方各国在上海开创了中国海关延聘洋员管理的制度，它们也就企望将它用条约的形式固定下来，并向全中国推广。

1858 年清政府在第二次鸦片战争中失败，被迫与英、美、法订了《天津条约》。在此条约的附约中，订了《通商章程善后条约》。其中规定："任凭总理大臣邀请英（美、法）人帮办税务"，"各口划一办理"。由于 19 世纪的英国国势强盛，正如日中天，它在中国的商业利益最大，势力也最强，那"外人"管理中国海关，自然头份就是英国人。1859 年春，南洋大臣何桂清发文，委派李泰国在中国海关"总司其事"，而且"凡各口所用外国人，均责成李泰国选募"。总之，李既"总司其事"，那就叫他"总税务司"吧。这便是"总税务司"（Inspector General，简称 I. G.）一词首次见诸文献的由来。

广州因为连年遭受战争，加上外商逃税，粤海关解交北京的税收定额大幅度下降到了 18 万两。两广总督和粤海关监督明白，要增加税收非有外国人"合作"不可。撰写《中国关税沿革史》和《赫德和中国海关》两书的海关税务司魏尔特（S. F. Wright）说：总督和监督两人合计"邀请他们所亲切认识和相信得过的广州领事馆青年翻译官赫德，仿照上海李泰国所主持的那个海关的办法，在广州也设立一个同样的海关"。他们确实就这么做了。

他们"邀请"的赫德比李泰国更加高明。他早就把他到中国以后在宁波取得的经验和在广州几年当中搜集到的大量情报整理成一件关于粤海关内情和广州形势的长篇备忘录，寄给了在上海的李泰国，作为李来广州建立海关的参考。那年 10 月，李泰国来到广州，并按照上海模式，改组了粤海关。他任命了英国人费士来（G. H. Fitzroy）为税务司（这时英文称谓改为 Commissioner of Customs），费未到任前，以美国人吉罗福（G. B. Glover）暂代。这个向他提供情报的小伙子赫德，他想就让他先来海关当个海关译员吧。

哪知赫德不肯干。李泰国不知道赫德的来历。这个小青年的来华经过与众不同：他是英国贝尔法斯特学院的硕士研究生，英国外交部到爱尔兰女王大学接收去中国领事馆工作的人员时，19 岁的赫德，受维多利亚时代理想——保持英国"日不落国"地位的精神激励，以远大目光，立即决定放弃攻读学位，报考去那个他早就知道，为英国垂涎已久，为英国在鸦片战争中打败，肥沃的"处女地"中国。他愿在那个遥远的国土上，为他的祖国在华打开"自由贸易政策"的大门，作出自己的贡献。当大学的名誉校长，曾在侵华战争中担任过外交大臣的克拉兰登伯爵（Earl Clarenden）知道成绩一向优秀的赫德提出申请去中国的事后，就在 36 名申请者中，破格让赫德免试录取。赫德离开英国南安普顿海岸赴中国时，口袋里装着他当小酿酒商，且子女众多的父亲临别时塞给他的 50 英镑。谁会想到：身材矮小，外貌并不出众，口袋里不过才有 50 英镑，却怀着一腔雄心壮志，搭上了"堪地安"号去香港的他，若干年后，会为英国在华做下如此大事！各国颁赠给了他数不清的勋章；英国女王授他为圣迈克尔与圣乔治上级爵士，从而步入了英国贵族行列；清政府封赠他为"太子少保"，且"三代一品，世袭罔替"；连他那开小酒厂的父亲，也受到中国皇帝的正一品封典。"家赀之富，可以敌国"。他究竟有多少家财无法计算，但已知的是，他所有的房地产和其他不动产不计，仅英格兰银行为他保存的各种证券投资数额即达 162032 镑。赫德本人死后清政府还追封他为太子太保。在中国海关"服务"的结果，不折不扣地使他成为一名驰名全球的大人物、大财主了。

赫德到了香港，由于英国公使包令（J. Bowring）知道了克拉兰登对赫德的青睐，便也对他另眼相看。除了敦促他学习汉语之外，还指导他"观察周围的一切"。赫德茅塞顿开，终身受用。他睁大眼睛悉心观察中国人的一切举止、风俗、人际关系中的微妙之处；他冒着暑热大啃孔孟之书，竟旁及《墨子》；还死记硬背了《汉英字典》；并找了一个中国女人同居，以便使他自己彻底"中国化"。

英国全权专使额尔金早已发愁："我们只有两三个懂得此地（指中国）语言的人，如何去统治几百万人？"额氏指的只不过是广州一带的中国人，而英国是想统治全中国的几亿人。所以，经过在宁波和广州的历练，既懂中国官场的应对进退，又会读会写中国语文的赫德，当然是英国侵华的最佳人选！于是李泰国让步了。赫德进入粤海关担任了副税务司。他名为副职，而正职费士来没有上任，吉罗福又不懂中文，实际上赫德就掌握了粤海关全权。新上任的公使卜鲁斯已经注意到了 24 岁的赫德，预计他"终有一天将有所作为"。

三 外籍总税务司制度的
初步建立

　　1861 年 1 月，迫于侵略者的要求，加上"洋务派"的愿望，清政府成立了专办外交事宜的"总理各国事务衙门"。这时由于"总税务司"李泰国在上海干预受骗被卖华工，被上海人民打伤，放下他正在苦心经营的中国海关返英治疗，春季从广州调到上海海关的赫德，已经很自然地成为中国海关事务的决策人。赫德根据他掌握的大量情报拟就了 7 个章程和两个"禀帖"，在专赴北京商议中国海关事宜的卜鲁斯的引见下，总理衙门大臣恭亲王奕䜣接见了他。此时，清政府为镇压太平天国急需筹饷，赫德所拟各节"正合需要"，遂得"进呈御览"。他还和奕䜣就镇压太平军、购买外国船炮、开办学堂和举办新式邮政等大事，用汉语进行了广泛的交谈，从而得到了奕䜣的信任。赫德离京之时，上谕公布在李泰国告假期间，他和费士来一同署理中国海关总税务司一职。这使他有了参与海关以外中国事务的机会。在恭亲王的眼里，"咱们的赫德"已经是"一个不够"，而"最好有一百个"。也就是说，赫德的影响，已经深入到了清政府的中枢。当然，这和清政府的总理衙门那时已经带有若干买办性质有关。

到1861年底，除了上海、广州、汕头海关外，赫德亲自委派洋员陆续开设了由洋人任税务司的天津、汉口、宁波、福州等洋关。1862年，以"祺祥政变"中更加得势的恭亲王做靠山，他又打破地方势力的强大阻力，在烟台和台湾的淡水、打狗（今高雄）设立了洋关。到了1863年底，赫德的"总税务司通令"已在13个口岸通行。它在中国沿海地区及长江流域，初步形成了一个体系。半殖民地的海关网在中国建立起来了，也就是说，西方各国在《输税通商章程》中急于要攫夺中国海关行政权的愿望实现了。

赫德确实没有辜负从克拉兰登到包令、卜鲁斯等英国侵华要员对他的期望。

李泰国在英国一面养伤一面为清朝承办购买军舰一事，大大发展了他那专横跋扈的特点，因而触怒了中国当局，恭亲王说他"狡狯异常"。本来恭亲王就因他桀骜不驯"屡欲去之而不能"，正好借"办船贻误"、"虚靡巨款"，解除了李的总税务司职务，同时正式任命赫德为中国海关总税务司。这件以桃代李的事，在北京的外国人中流传着：赫德"讨好中国政府，挖李泰国的墙脚，企图取而代之"的话，绝不是子虚乌有的闲言碎语。赫德从始至终都是参与了在英国购买船舰的事的。订购舰船8艘首先由赫德出面委托在英养伤的李泰国办理；舰队领导人阿思本，也是赫、李共同决定的；李泰国与阿思本签订合同十三条，让阿思本掌握舰队大权，赫德也是知道的。但是，当中国当局发现了英国通过阿思本舰队，急欲掌握中国海军指挥权的诡计，赫德便醒悟到由于李泰国的操之过急的做法，过早地暴露了英国的意图。他就立即从与李合谋共同拟议的角色，转而扮演了处理舰队争执上李泰国与恭亲王之间的转圜人；并借口"天热"，闭门谢客，翻译《万国公法》一书去了。恭亲王对舰队白白花了 75 万两银子却一无所得，正愤怒不已，高明的赫德此时韬晦了一阵子，不仅从这个难题中脱了身，反而得以继承了李的职位，这能怪那些在北京的外国人说他为"取而代之"而"出卖朋友"吗！英国政府，根本没有理会那些"闲话"。对大英帝国的利益来说，赫德比李泰国完成得更好不就行了。不过，赫德自己也是有些日子惴惴不安的，当总理衙门宣布他正式继任李泰国的职位时，连他本人都感到意外。

李泰国购舰一事，显示了赫德的个人品质还是小事，更重要的是通过此事，可以窥见英帝国主义者玩弄的阴谋诡计，看到清政府的权要有多么无能与软弱可欺。

让李泰国在英国采购舰船，本不属于海关工作范围。但是，花了 10 年时间尚不能扑灭太平军，反而让太平军在苏、常一带节节胜利，恭亲王就时时在和这些洋员交谈中流露出自己的焦急情绪。终于在卜鲁斯、威妥玛等人的怂恿下，赫德又在恭亲王耳边大谈购买外国船炮的"六大利益"，总理衙门就加紧上奏朝廷购买洋枪洋炮。赫德还出主意挪用海关名下的银两以充此用。当时海关税收除一部分用作偿还英、法的战争赔款外，其余都解交国库。赫德向恭亲王献策：鸦片在进口时一次付税，然后在全国通行无阻，用这种办法可以促使税收增加。这条"建议"既使恭亲王认为"深足裨益"，又使英国的鸦片商大大得益。这么狡猾的主意，清政府浑然不觉。只因赫德所拟清单，费用过巨，且事属首创，这些官僚办事本来拖拉，以致数月未决。窥测要价过高，重犯李泰国的急切病，反会使事情行不通，赫德便一再减少购船的经费预算，竟从160万两减至80万两。巧在清政府得到传闻说"太平军正在筹款向美国购买船炮"，这才促使清政府下了购船炮的决心。而这些传闻的来源有谁为恭亲王证实过？绝对没有。英国想掌握中国海军的企图，以后终于重演。其中故事还多，以后将会说到。

要长期地、牢牢地控制中国海关，赫德必须赶紧制定一些明确的章程。为此，1864年夏，中国《通商各口募用外国人帮办税务章程》（又称《海关衙门章程》）和另一件叫《致各口税务司通札》的法律性文件出笼了。这时候的中国海关中外籍税务司的羽翼未丰，所以赫德还在表面上口口声声地嘱咐那些洋税务司：不要忘记自己"身受俸禄且是中国政府的臣仆"；告诫他们对中国海关监督应予以充分"尊重"；洋"税务司们"应"守在幕后"，不能"视海关监督如傀儡"。为了增加税收，他还告诫各口税务司：要处理好同各国商人的关系。总理衙门收到赫德的这些包藏祸心的文件，居然昏庸地认为"所请不为无见"，仅略加增改，当月即转发给各省实行。这个《海关章程》，对英国攫夺中国海关大权以后的海关人事、行政制度作了详尽规定，它就是赫德日后统治中国海关半个世纪的"立法"。这些规定，其中最掩人耳目的是："惟税务司系总税务司所派之人，非属监督可比。"它规定"税务司只对总税务司负责"。从此开始，海关监督便逐渐被洋员架空，形同虚设，的的确确成了税务司的傀儡。这时的中国海关监督，如果没有洋税务司的副署或印章，就连发一张执照的权力都没有。这还像一个什么国家主人？

海关总税务司署已在上海设立，外籍税务司制度至此初步建立，只是总税务司对各关税务司的任用权还没有确定。这就等于说：海关行政还是没有从制度上建立。由于确立总税务司制度和总税务司署的设立，对清政府来说也就是中国海关主权的被篡夺过程，所以它不可能是一步走完的。

四　赫德其人

　　1914～1942 年的近 30 年中，上海外滩矗立着一座铜像。这尊铜像站在那里，俯视着滔滔不断、日夜东流的黄浦江水。

　　那铜像的碑文用英文写着：

> 　　中国海关总税务司
>
> 　　中国灯塔的建立者
>
> 　　国家邮政局的组织者和主持者
>
> 　　中国政府的忠实顾问
>
> 　　中国人民的真实朋友
>
> 　　谦和、容忍、明智和果断
>
> 　　他克服了艰巨的障碍并且完成了一
>
> 项伟大的造福于中国和世界的工作

　　这个人就是前面说过的那个总税务司。他出生于英国，姓名是 Robert Hart，取的中国名字叫赫德，字鹭宾。他不到 20 岁就来到中国，为清政府"服务"了52 年，中间几次回英国，不过加在一起也才 3 个年头。

他一生之中 70% 以上的时间在中国度过，2/3 的时间（即半个世纪）掌握着中国海关的大权，也就是说中国大门的钥匙是拿在他的手上。

这尊铜像当然是外国人——赫德的亲友为他塑造的。说赫德是中国人民的"朋友"，绝大多数中国人可不这样看他，尽管清咸丰帝的弟弟、总理各国事务衙门的首脑恭亲王，称他为"咱们的赫德"，并破格赏他当清朝的一品官。立碑人说他"造福"于中国和世界，那也并不见得中国人民就同意。对中国人民来说他究竟是敌是友，至今，研究中国海关史的人对此认识上还无法完全统一。不过，要讲中国海关，特别是清季海关，就撇不开赫德，甚至可以说，赫德的历史包含着晚清中国海关的历史。

中国海关在赫德的苦心经营下，税收从他初任代总税务司时（1861）的 500 万两到 1863 年增至 700 万两，成为清政府除田赋外的最大收入。赫德又亲赴牛庄（今营口）和台湾南、北，开设新关。

清政府对赫德的"服务"表示满意，破格赏按察使衔。

从此，他的魔爪开始向中国的内政、外交，乃至清政府要员的任命等方方面面伸去。我们并非专讲赫德个人，也不是说他在得到"按察使"以前，就没有借海关干过插手海关以外的事。我们是讲一个英帝国主义的代理人，借着中国海关这个基石，这个在他们经营下基础已固的侵略基石，在中国沦为半殖民地过程当中的所作所为。

控制中国邮政，是赫德的夙愿之一。中国邮政事业远在周秦时代就已相当发达。信递主要用两种方式：一是古老的驿站系统，它传递官方信件、命令和联络朝廷或京城各方面与地方官、驻军之间的关系；第二是从明朝永乐年间开始组办的"民信局"。顾名思义，民信局是民营的信递组织，主要设在沿海沿江商业发达的口岸，传递商民书信。鸦片战争以后，外国来华人数增多，英国以清政府官办驿站不办理国外通信为由，根据五口通商条约，开始在上海设立了邮局。这种"客局"在华出现后，其他帝国主义国家纷起仿效，它们在组织上不受清政府的管辖，进出口的邮件也不受海关检查，竟成了走私的又一重要渠道。

总税务司署在移京以后，以各国使馆的信件收发已归海关管理为由，先在北京、上海、镇江举办了客邮，渐次又扩展到牛庄、天津。烟台还设立了邮务办事处，统归海关管理。在《烟台条约》谈判进行当中，赫德企图将开设邮政和造币厂两事以清政府的名义向当时的英国公使威妥玛提出，放进条约之内。威妥玛"怕以太多的官职和太大的权力"放在赫德的手中，否定了赫德的计划。1866年，赫德放开手脚，一个又一个地在各口岸开设了海关代办邮政。从此中国原有的民信局不断被淘汰，客邮则与日俱增。

1866年，赫德到了"而立之年"。他想回英国探亲并解决他的婚事。他虽为使自己"中国化"以及其他理由，曾与一中国的船家女小玉同居多年，且已生了三个儿女。不过，他并不认为这是他这个英国人合法的妻子。他抛弃了小玉，带走了她生的三个混血儿，要回英国去另攀高门。他向总理衙门请了假，回英国跟出身中产阶级的 19 岁的简·布雷顿（J. Brendon）小姐结了婚。把那三个儿女以非婚生子女的名义寄养在学校或是人家，他赫德不是这三个孩子的生父而成了"保护人"，对外还要极端"保密"，可见他心中一时也没有忘记他的殖民者身份。

这里必须提到以后同中国海关插手中国对外事务的十分重要的一个人，他名叫金登干（J. D. Campbell）。金登干这年 33 岁，出生于一个苏格兰的军人家庭，受过良好的教育，是英国第一流的大学中品学兼优的学生。金既受过军训，又在英国财政部稽核部门和邮政局有良好的工作表现。当李泰国在伦敦购买舰船军火时，事事都靠金张罗，因而被李泰国延揽到中国海关在伦敦的代理机构。由于金是英国财政部负责人推荐来的，加之"勤勉、谨慎、温良、谦恭"，和赫德便一见如故，从此便受到赫的重用。赫德的几个私生子当即委托给金登干安排。赫此次回英，本来纯属私事，但是他一点也没有忘记趁机帮清政府办事。他要为它尽"绵薄之力"。他以为只晓得"万邦来朝"的中国统治者，太需要了解世界了。可是，中国确实是无法派出人员去外国学习观光，他就提出趁他本人回英国之际，让总理衙门就便"派员前往各国，探其利弊，以期稍识端倪，借资筹计"。他选了一名正担任着中国海关的汉文文案，时年 63 岁，被他亲切地称为"老斌"的名叫斌椿的人作团长，又配了几名同文馆的学生组成一个参观团，随他到英国去见世面。

什么叫同文馆呢？在他回英国探亲的头4年，按照他的一贯思路：要中国办新式教育。他便从海关经费中开支，置于海关教育股领导之下，举办了一所供王公贵胄子弟学习天文算学和英、法、俄三国文字（德国和中国签订了一个条约之后，又增加了德文），也就是培养办洋务人才的学堂。这次随他赴英的5位学生，全是从中选拔出来的。赫德此次返英，还要为同文馆延聘教师。可见他对中国的一切洋务之热心。度完蜜月，赫德偕同爱妻，和以后他的亲密助手金登干、新延聘的同文馆天文教习方根拔（J. Von. Gumpach）等5位教习回到中国，而把斌椿等交给海关英籍职员包腊（E. C. Bowra），送到欧洲各国尽情游览。直到斌椿厌烦思家，再由包腊陪同回到中国。老斌以日记体裁写了一本《乘槎笔记》。老斌本人并无认真考察西方政治的意图与雄心，所写大致都是些浮光掠影的见闻。这本书虽未能引起国人的重视，不过，读过的人也是会大开眼界的。那些学生自然受益匪浅。赫德一行终于在是年深秋返回北京。

但是，方根拔来华之后，自视过高。他想当同文馆的总教习。赫德没有给他这个职位。他不愿屈居人下，遂愤而离京去沪。赫德付了一年的薪金和返国的路费后解雇了他。方在上海的英国高级法院控告了赫。此案遂转到英国法院，以后又转英国枢密院处理。终因此案是赫德在中国海关总税务司任内处置了方的，在他任职期间，英国法院无权对他作出判决，再转到英国枢密院处理。因金登干的有力活动，终于以赫德胜诉结案。赫德在处理了方案并奠定同文馆的人事、经费制度，使之明文载入海关册籍之后，与同文馆脱钩，从此，交给深感他知遇之恩的美国人丁韪良（W. A. P. Martin）来管了。

应当说，同文馆的设立，确实引进了西方新的科学和教育，成为中国新式教育的开端。它以后又从一所语言学校发展为介绍近代思想的场所。同文馆的出现，冲击了科举制度，尤其是世世代代中国人的精神支柱——儒家哲学，社会上为此引起了争论。激烈到皇上召见时有人竟"潸焉出涕"而"上马几坠，类痰厥不语"。我们今天提及这位"潸焉出涕"者，当然是不以他为然，绝不等于我们今天还站在那位"痰厥"者同样的民族主义的狭隘立场上，一味保持"国粹"，像台湾学者讥讽的"动辄言道我们有五千年悠久历史文化"（当然五千年的历史文化也不容否定），就对新事物持一概否定的态度。而是要分清入侵者的主观意图和客观效果，分清西方文明（包括新技术和新的管理制度）和西方入侵者拿在手中的西方文明之间的差别。

赫德这时已经来华 12 年，周游过各个海口，对于中国国情的了解似已入木三分。他便向清政府上了一则奏章叫《局外旁观论》。这则奏章是用流畅的古汉语写就的。赫德终身都认为这是一篇他所作的重要文字。在我们今人看来，这是一篇极好地体现了当年大英帝国侵华政策的说明书。它既相当客观地叙述了清朝统治下各地的一片腐朽败落景象，又如实地表达了各帝国主义者告诫清政府应加以振作的心态，还恐吓它如不遵守不平等条约将担负的严重后果，更教训它必须以半殖民地地位，接受西方的价值观念，加入近代资本主义社会，方能保其生存的重要性。他说：清朝如不去适应与各帝国主义的关系而进行改革，不赶快从闭关政策中走出来，"数年之内，必为万国之役"，如听他们的话，学外国之好法，则"民化而国兴"，就自然"无难为万国之首"。

这则奏章所言种种，大体上成了后来清朝洋务运动的计划草图。

在他上这个奏章的前几年，广东潮州（今汕头）发生了英国领事总也进不了该城的事。潮州原是第二次鸦片战争中新开放的商埠，1861 年，英国领事起初是在官方保护下才得以进城的。但又被潮州人民赶出城外，进不了城。

同年，川督田兴恕在贵州指使人烧毁了一处天主教堂，杀死 4 个中国信徒。次年 2 月，法国巴黎的传教士在开州传教，田兴恕授意开州知府将传教士逮捕处死。事情发生之后，法国坚持让清政府处死田兴恕。经双方讨价还价，清政府同意贵州地方向其赔偿巨款以外，再把田撤职。不过，4 年之后，清政府仍未兑现，甚至不说田在何处，法国当然揪住不放。

这两件与英法两国有关的外交争端，本与中国海关了无干系，但总税务司赫德非常注意。他以为这是涉及是否遵守条约的重要问题。他竟建议：由李鸿章亲自处理。清政府虽未完全照做，但也不得不叫广东总督和巡抚马上派潮州人、擅长"洋务"的官员丁日昌处理。经丁的周密安排，终于使英国领事安然入城。而田兴恕一案的解决，清政府则让步到将田遣戍新疆（经左宗棠保奏，留在了甘肃），才算敷衍了事。这两件事的迅速解决，当然是以英法两国的侵略势力为背景的。但它对海关和赫德个人的"说话算数"提供了证明，这些事为人所知后，海关和赫德自不待言在社会上大大增加了威信。

还有一件事就更说明问题。据北京总税务司署总理文案税务司（Chief Secretary, I. G.）英国人葛德立（W. Cartwright）回忆：1867年的一天，他手持一份《京报》（也就是邸抄，上面载有皇上谕旨），走进赫德的办公室，请赫德看上面的一道谕旨是委派张凯嵩为云贵总督。赫德对这道上谕只瞟了一眼，就拉开他办公桌的抽屉，从中取出一本日记。他给葛德立看的一页上赫然写着：某年某日他向清政府建议任命张某某为云贵总督，吴某某为四川总督。葛德立一看，仅仅才一个月，清政府果然照他的"建议"明令颁布！

云、贵两省在那时既无对外贸易，又无海关，它的事情与海关总税务司何干？赫德不仅把手伸向了中国的边远地区，还居然在清政府中达到了可以影响委任总督这等大员的程度，怎不令那些清朝文武大员瞠目结舌？

中国海关在列强争夺中国权益的活动当中，越来越起着重要作用。它插手面广，事情甚多，绝非在一个小册子当中可以一件件加以详述的。有关重要事项在有关各节中要详细讲到，下面以赫德的自叙为主，开个账单向读者报报账。

外交方面：

1873 年，派海关税务司马福臣、吴秉文随同陈兰彬到古巴查办华工事件。

1884 年，派税务司赴朝鲜，按中国洋关定式，建立洋关，征收关税，名之为"朝中海关大联合"，直到日俄议和时为止。既扩大赫德控制的海关的权力，更加强了英国在朝鲜的地位。

1899 年，与德国大臣商议在山东青岛界内设胶海新关并试办各条款。

1905 年，受派与德国大臣另议青岛无税区实行办法。

1906 年，与日大臣商订大连海关征税办法。

据查，赫德漏报的还有：中日甲午战争中，"在事端刚发生时，我（赫德）曾竭力主张派兵镇压全罗道的叛乱，后来又促使总理衙门与日本代办重开谈判"。接下去他又"设法使中日问题不经正式外交调停，自己谈判解决"。

1894 年黄海大战以后，建议英国政府立即采取行动，不让恭亲王"听俄国摆布"。

还有一桩大事虽非赫德所为，但因从中可以看到海关的威力，也值得在此一提。那就是：1897 年中国发生的割地狂潮当中，中国海关英籍资深税务司贺璧理（A. E. Hippisley）利用海关影响，提出"英俄分治中国论"；1899年又在背后帮助美国提出"门户开放"政策。其目的是既主张承认列强的利益范围，又要求"商业贸易机会均等"，牺牲中国利益来求得经济实力占优势的英国利益。这些可以证明，中国海关不仅总税务司可以在列强在华争夺权益之中起作用，就是一个资深的税务司的作用也非同寻常。

内政方面：

办理了大清邮政。一封平信收取邮资六分，合七斤大米或一斤鸡蛋。老百姓难以负担，而洋员则支取高薪。1897～1905年邮局共亏损133万两，而邮局洋员每人每年工资多达几千元。

为帮助英国打开长江上游的航线，说服英国外交部压清政府迫使地方当局以12万两银收购"固陵"号轮船，于1887年6月上航重庆。

为聚敛税款，向清政府建议开征印花税和土药（区别于进口"洋药"，指国内生产的鸦片）税，他估算可得银一千余万两。

代总理衙门拟文重新强调：外人入内地，货物完纳正半两税后概免重征；洋人在中国不归中国地方管辖及列强利益均沾等四条。

总理衙门坚持了3年的"禁止印茶入藏"事，终于在英国和赫德的插手下，在《印藏条约》中订为"缓议三款"。

为取得英国在华展筑铁路的全部权利，建议由汇丰银行出面组织辛迪加，中国以开平煤矿和天津铁路作抵向英国借款。

德国宣布胶州（今青岛）为"自由港"。赫德受总理衙门命，代表清政府与德国谈判建立胶州海关。同时也代表清政府，依据《天津条约》拟具了修改税则的备忘录，要求切实做到值百抽五。因列强反对，没有结果。

义和团进入北京，赫德代表外籍人士电李鸿章，请其转向慈禧求援。

接受总理衙门之请，《辛丑条约》谈判期间，赫德出面"维持和议"。

为了不挑开"英国人操纵议和"的帷幕，赫德坚持不就"谈判全权大臣助理"一职。但他通过皇帝生父庆亲王奕劻，使他对北京使团提供的关于赔款的建议，几乎全被采纳入《辛丑条约》。

赫德通过盛宣怀向参加中英修约谈判的英方代表马凯以及美、法、德、日等国参与修约的委员提出两项要求：其一，切实实施值百抽五税率和裁厘加税。他的论点是：应确保海关税率值百抽五，否则对于维持这个庞大而虚弱的中华帝国不利。其二，自甲午战争以来，银价日趋低落，中国通过海关支付的庚子赔款大大超过条约规定的数目。应改以黄金为海关征税单位，但被否决。

向清政府提出改革币制方案。

建议增加土地税。

赫德在海关任职期间，工作量惊人。他"怀疑自己是否发狂了"，以致"一切事都要由他来管理"。不过，年纪不饶人。1907 年当他 72 岁时，他在金登干死后身体状况每况愈下，遂"请假两年，回籍静养"。1908 年，他在鼓乐声和众多的送行者中，带着"想作一番事业……我只考虑……去致力于英国的利益，英国的霸权……"的满足感，离开了中国。

这时，中国海关所管理的常关有 50 处，经理的 19 处，经理的厘金 7 处。也就是说，他已经做到中国所有的主要商埠的税收，归外籍税务司统辖征收。海关的税收从赫德接手时的 500 万两已增加到 3250 万两，占清政府全部收入的1/3。

海关的管理制度，无论是人事、会计、稽核都要求严格执行；维系沿海和港口安全所必需的导航设备已有灯塔 182 座，灯船 5 艘，灯艇44 艘，浮标 171 个，望楼 798 座。海务、港务、检疫、气象观测等等都有了规模。举凡缉私、内港引水、航道测绘、巡船修理等等，一切中国沿海和沿港的巡航设备，都在它的管辖之下。此时中国海关无论从管理和设备上说，确实颇有些现代化味道了。中国邮政有大小邮局 2800 处；海关内外班、海事、警务、邮政部门职事人员 14220 人，其中洋员 1400 人，为了"有福共享"和"国际共管"，高级员司里边包括二十多个国籍的人，其比例大体上符合各国对华贸易的比重。海关华员共一万多人，一概是供洋员驱使的低级员工，直到 1927 年才有一个华人担任过代理税务司。"办事，则华人任其实，洋员承其名；权位，则洋员享其实，华员任其役"。一般说，海关进人，都经过严格考试。可是，赫德的儿子、弟弟、内弟、妹夫、侄儿、外甥乃至朋友的朋友，亲戚的亲戚，管他干事不干事（赫德的儿子赫承先就是这类人），有病没有病（赫德的外甥就是个长期病号），他们都不经过严格考试，只要赫德点头的，通通进中国海关任了职，地位还特殊。比如他的弟弟赫政，别的洋员经历几十年方能擢升为税务司，他只有 5 年；赫德的妻弟裴式楷（R. E. Bredon）一进中国海关就任税务司，也是绝无前例的。

五　半殖民地海关制度的巩固

　　那他清政府一向对外国人驻在北京十分计较，以至于香港它都可以不要，单争北京驻不驻外国使节。但它对赫德例外。由于赫德当时的地位和他与各方面的良好关系，他几乎成为总理衙门在咨询方面不可或缺的人物。这时，赫德已经拟有一个设立总税务司署的计划，等待"相机行事"。自他来到北京，几乎天天同总理衙门的大臣奕䜣、文祥见面，不愁没有机会。果然，当 1861 年 6 月 30 日重新任命他和费士来署理总税务司职务的那一天，赫德便以 Insperctorate General of Customs（即总税务司署）的名义行文，并在以后长期沿用这个名称，这也就是说总税务司署实际已经形成了。中国海关档案中，从 1862 年开始，总税务司署已有独立的经费编制。1865 年 8 月，为使"此后中外交涉事件更易于办理"，清政府决定将总税务司署由上海移至北京。既有总理衙门批准的经费，又有总理衙门对英文 Insperetorate General 的默许，这当然是总税务司署的最后形成。

　　英国在中国海关得手，拿到了中国国门的钥匙，引起了各帝国主义列强的眼红。他们争先要求"利益均沾",有福共享,洋关当中应"按各国在华的贸易额占有代表"。税务司职位成为各国争夺的对象。代理税务司吉罗福因为位虚无权,曾通过美国领事提出抗议;英国对总税务司一职绝对不能出让;俄国人要求有它的位置;德国赶快提出自己的候补人。赫德知道,架空清政府派到海关的海关监督易,而完全无视侵华各国的利益难。他开始注意在英国人占据中国海关绝对重要职位以及数量优势的前提下,安插美、法、德等国的人员。而且他还创造了一套理论,叫做海关的"国际性"。他又称海关为"国际官厅",以麻痹世人。1865 年,在 14 个海关的 71 名外籍雇员中,英国人 46 名,美国人、法国人各 9 名,德国人 5 名,丹麦人、瑞士人各 1 名。以后欧洲各国逐渐增加洋员人数,以使海关不致因侵华各国间的利害关系引起争端,从而使海关在一个相当长的时期内保持了稳定。

这时的中国海关,也就是新关、洋关,已经是一个相当庞大的机构,雇千余名华洋人员,实行华洋分班制度。中国人在海关内实际上只能任巡役、听差、司门、司夜等最低下的工作,"无异下等仆役,供其奔走"。这时海关最主要的部分是征税股,90% 的海关人员属于征税股的内班、外班、海班三个部分。还有间接与海关事务有关的船钞股,以及后来海关所办的教育股、邮政股。内班办理海关内部事务,是海关征税的机要部门。税务司、副税务司、各等帮办(从超等到四等)都属内班;各个大的海关都设税务司总管其事，较小的海关只置副税务司或帮办。外班负责检查船舶货物，是海关人员与过关船货直接打交道的部门。地位最高的是外班首领，下设各等总巡；船舶到埠，总巡必须亲自登船检查，不能委任下级总巡代办。此外，尚有验估、验货、钤子手、巡役等等名目都负责检查。海班负责缉查走私，由管驾官总领其事。但是，有一点却要赫德亲自主持，那便是：缉私船只停驻何处，则只有赫德才能直接通知该口的税务司转知。海关的公文以用英文为主，中文只是兼用，所以海关职员都必须通晓英语。因之，直至1907年，洋关的税务司，还没有用一个中国人。"虽以茂才孝廉，欲谋一海关位置，而亦见拒者矣"。中国的海关，竟彻底成了洋人的世界！

1870年，以赫德公布实行的《中国海关管理章程》为标志，半殖民地中国的海关建设基本完备。这个章程详尽地规定了海关各个部门的分工职责、隶属权限、各级员工的工资和福利、奖惩。

赫德努力改变旧海关缺乏贸易统计或是统计混乱的情况。各关输出、输入都分别记明来源与去向，还附有税收、船只、专载等表，完善了贸易统计制度。1867年起，指定各口副税务司总辖统计造册。此前两年，各关已有贸易报告册上报总税务司署。以后，赫德发觉年度报告对了解各地情况还是为期过长，便逐渐将年度报告发展成期限较短的半年、季度、每月、每周的报告。报告分"官方"与"半官方"两种性质，后者为秘密文件。他还规定，其中除贸易报告外，各口的税务司还要将各埠的经济、政治、社会情形和政府动态、军事活动等进行详细叙述，由洋员亲自执笔，华籍人员不得参与，这实际上是合法地建立了一个搜集情报的制度。这也是一种重大的侵犯中国主权的行为，完全超出了海关的职权范围。它成了侵华各国，特别是英国掌握中国国情的重要途径。但它也同时给中国留下了一项重要档案，可供世人了解当时的诸多情况。

《通商章程善后条约》规定"邀请"外人帮办税务的同时，要兼理"分设浮桩、号船、塔表、望楼等事"。总税务司署便在各通商口岸附近探勘测绘，建立各种助航和港务设备。关税之中，专门在船钞收入项下提出六成作为此种用途；以后又增至七成。赫德并"亲赴沿海各处，勘定灯塔位置"，这又使海关职守从专司收税扩大到建立灯塔、浚港乃至缉私等。

1868年，清政府在赫德的策划下，公布了《引水总章》。引水是一个主权国家维护其尊严与国防机密，保障港口和船舶完全的一项重要主权。昏庸的清政府居然明令外籍员工"准其一体充当引水员"，还要"宽其招募"。鸦片战争以后外国船舶进入中国海域自雇引水，已属不成体统，现在更搞到中国广阔的海域上，而且难得见到国人充当引水员。这个国家还叫个主权国家吗？

清政府主持下的旧海关，由海关监督分辖各地，江海关是江苏巡抚委派苏松太道督理。闽海关由福州将军兼管，浙海关是浙江巡抚派宁绍道督理。在彼此不相统属，且地方与中央之间还有所谓的"关系"问题等情况下，旧海关形成半割据状态，各自为政，毫无效率可言。这种互不相统属的局面，使在全国实行一个统一的税则绝无可能，那么，总税务司要"保障各国的权益"岂不就成了空话？

总税务司署的设立，确实把全国的税收统一起来了。分裂是落后，统一是进步。只是把全中国的海关行政都统一在具有强烈国际政治背景的外籍税务司手中，就不能不叫国人感到丧权之痛了。

中国海关行政管理权的丧失，使完整的海关主权沦入外人之手，但关税自主权同样是海关主权的组成部分，它在江宁条约中即已受到侵犯。

鸦片战争以前，清朝政府的税则虽是自主制订的，但由于它吏治不修，管理松弛、陋规苛繁，虽订有税则，但在从上到下层层加码当中，对商业只能起扰乱和损害作用。外商虽仍有利可图，但终究不愿接受。中国在大炮的轰击下，《江宁条约》第十款规定：英国商人"应纳进口、出口货税，均宜秉公议定则例"。这隐含有税则需"商议制定"之意。不过，在清朝当时的处境下，与其说是"共同"商定，不如说是列强单方面的强定，即所谓片面的"协定"，更符合事实。这片面协定的税则，当然是中国关税自主权的丧失，是列强对中国海关主权的篡夺。

中国的第一个协定税则是1843年10月8日公布的中英《五口通商章程：海关税则》。税则把关税分为出口税则与进口税则。大部分税目属从量税，少数为从价税。进出口货物中属于从价税的，税率分"值百抽十"与"值百抽五"两个税级。"值百抽十"的都属于进口货。只是这种税目很少。这一税则比起原粤海关的税则来，是有改进的。它的从价税目的税级大为减少，仅有两级，便于稽征。但是，把"协定税则"和粤海关的实征税率加以比较，我们就会发现"协定税则"无论是出口货物实征税率还是进口货物实征税率，都普遍地、大幅度地减少了。进口棉花每担（百斤）征税由四钱减为三钱五分，棉纱每担征税由一两减为七钱，出口的白糖每担征税由二钱五分减为二钱。以后，美、法两国又强迫中国把某些货物的税率再往下减。这么一减再减，就使中国成了世界上进口税率最低的国家之一，简直无法和英、法的进口税率相比，差距实在太大了。1806年，英国从中国进口的茶叶，征税至96%，1847年茶叶常品竟提高到200%，次品提高到350%以上，法国从中国进口的绣货，征80%以上的进口税，而中国对法国的绸缎，仅征收"值百抽五"的低税。中国的关税税率如此之低，不仅达不到国家的财政目的，关税保护生产的作用就更加谈不上了。这就招致了大量的洋货汹涌而入，农产品被吸引而大量外运。这个"协定"税则，其实并没有经过中英双方谈判，而仅仅是在英国的强迫下，中国就一字不改地签了字。从此，清政府只好把英国自定的中国税率接受了下来。

攘夺中国海关主权是英国侵华的实践，在实践中他们总结经验，作出了政策性的转变：从"急进"转变为"缓进"，这更符合当时英国的利益。从这个意义上说，研究被英国人称为"中英关系基石"的中国海关的建立和巩固、发展的全部过程，是研究中国近代海关史的根本性问题。英国维多利亚女王时代是英国资本主义发展逐渐进入全盛的时代，也是它建立殖民帝国的时代。这也就是发生侵略中国的鸦片战争的时代。当时，当权的主要人物叫巴麦尊（H. J. T. Palmerston），就是这个人包办制定英国这一时期约30年的对外政策的。在第一次鸦片战争时，他是英国内阁的外交大臣，到第二次鸦片战争时，他已经任了首相。他看到中国这个世界之大，令他惊奇。"即使开动兰开夏的全部纺织工厂，也不足以供给中国一个省的需要"。可是，在他们进一步了解了中国与他们的贸易情况以后，他们就愤怒了："经过这么一个大国开放贸易十年之久……其消费我们的制造品竟不及荷兰的一半，也不及人口稀少的北美洲或澳大利亚殖民地的一半……"，并得出了结论："必须以暴力手段迫使清政府把整个中国开放给英国，甚至把它沦为第二个印度。"两次鸦片战争就这么发生了！但是，当他们进一步深入了解中国"福建农民不仅是一个农民，而且是一个农业家兼制造者（他们制造的土布）。除原料外，没有别的花费。既不需要额外的人工，也不需要额外的劳动时间。他们是在庄稼正在生长的时候，以及在庄稼收割以后，或是在雨季不能作田间工作时进行纺织的"，他们明白了正是这种经济制度，抵拒了从英国输入中国的棉纺织品。这些写在给英国政府的报告中的情况，为英国的侵华政策转变提供了理论根据。经过这些侵华高级人物对自己侵华政策的总结，他们终于认识到采取一种"零碎的在华逐渐扩展经济机会"，也就是"有限的进展和调和的政策"的必要性。这一政策要点就是：扶植、加强清朝统治，逐步扩展英国在华利益。也就是从"猛进政策"改变为"缓进政策"。自1858年以后倡议和推动这个转变的是额尔金（Earl of Elgin）和他的弟弟卜鲁斯（F. W. A. Bruce）。额尔金设想的中国海关，远不止"帮办税务"。他已明确它是"英国对华关系的基石"。卜鲁斯是把这个设想具体化的主要人物。李泰国作了中国海关（洋关）的奠基人，赫德经过半个世纪的努力，最后成了那些给他造像立碑的人的崇拜对象。他们每个人在英国的侵华"业绩"中都有自己的一份。但那个整体的胜利者，我们千万别忘了是当时的大英帝国。

有的台湾学者把"江海关由外人代管"的过程，解释为"因缘时会"。意思就是：那不是蓄谋，而是偶然因素促成的。从事情的表象来看，也可以说是"因缘时会"。但是，把从额尔金到卜鲁斯等人对华侵略政策的拟定和改变作背景，再把这种"因缘时会"放在这个背景中来加以考察，说它是英国侵略者"用理智作先导"、"耐心地守候机会"的结果是绝对实事求是的（这些话都摘自《中国海关文件汇编》，*Chinese Customs Service*，*Origin*，*Development*，*and Activities*）。研究中国海关的学者把英国对华政策的转变，以及江海关由外人代管过程所表现出来的"因缘时会"现象，由表及里地加以分析，从而在这个问题上达成共识，应该是有可能的了。

六 中国的"国中之国"和
清政府的头号"总管"

中国海关到 1874 年以后，属于自身建设，已经相当完备。也就是说，英国人已经牢牢地拿稳中国国门的钥匙了。对清政府来说，"洋关"自己一统天下，成了它的"国中之国"；对各帝国主义来说，它们各在其中占了自己能占的部分，"洋关"取得了"国际官厅"的名誉。这时的赫德"对于全国海关，几有一国元首之权威"。而"各口税务司之权日重，洋商但知有税务司而不知有海关监督矣"。那就是说：洋关架空海关监督是百分之百地做到了。清政府自鸦片战争以后，每设一海关同时就设一海关监督，并常以各地的兵备道兼任，英帝国主义者搞的海关募用外人的制度，一下子就击垮了清政府的全部海关监督制度。英国那个"以海关为基石"的政策，在赫德的策划下，金登干的认真执行中，完全与海关无关的事却成了中国海关总税务司的"正常业务"，虽然赫德自己叫它"业余外交"。"业内"也罢，"业余"也罢，总之，趁清政府在同治年间，为重建自身的统治秩序而开办的一系列洋务活动中，总理衙门都在由海关承担的名义下，将所有的洋务"通过我（赫德）作为总税务司来处理"，由他"承担一切事情"。也就是说，在洋务问题上总税务司赫德要当的，已经不是从前向清政府提供"忠告和帮助"的"顾问"角色，而是头号"总管"。连中国最后一任总税务司美国人李度（L. K. Little）都说："如果说，海关业务的起源有其独特之处，那么，在以后的岁月中，中国政府付托给海关税务司这么多的，绝大多数是新的职能，也是非常独特的。"李度的话虽说得很晦涩，读起来有些绕口，但证明连他也不能无视当时"洋关"职能之"新"之"多"，作用的"独特"。赫德自己比李度说得更明白："英国在华利益，海关占大部分。"可见从额尔金到卜鲁斯设计的"总税务司的利益就是英国在华的主要利益"已经实现。二者的关系既是这样，赫德包办中国洋务的贪婪欲望就不以以上的种种为满足了。赫德这时还向金登干说：他要"利用一切时机（在中国的洋务活动中）楔入海关的一根桩子……用这个办法扩大我们（海关）的基础"。那就是说，光总理衙门交给他办的事，还不能满足这位英籍总税务司兜揽中国洋务的愿望，他还要从中再插上一根根的楔子，让他领导下的海关强大、强大、再强大。当然就是让英国从中得到的利益更多、更多、更多得多，以致中国海关由赫德一手把持，清政府难以过问。而赫德插手中国的内政、外交，上下其手，为帝国主义列强服务，成了清政府的头号"总管"。

赫德从此信心十足，利用海关这个"基地"更放开手脚举办更"新"更"多"的"新事"。从为外交人员和军事人员提供科学教育到开采矿山、修建铁路、雇用外籍工程师、设立统一的全国邮政、建立银行和造币厂，到改良海陆军，甚至设立气象站等等，他无不插手。这些"新事"难以在短短的几句话中枚举，只能说它们里边确实包含革新成分，有的成为中国历史上划时代的行动；但更多的是利用中国先进分子需要的那股推行革新道路的热忱，而在"混水"中为帝国主义的利益"摸鱼"。

赫德还插手中国几次参加国际赛奇会（即世界博览会）的新事。1873年第一次是他指派海关的包腊全权负责。第二次是1875年，他利用他本人再次回英探亲的机会，在中国各地搜集了许多有代表性的手工艺品，连同中国精美的烹调都由专门带去的厨师作了表演，弄得巴黎王室贵族纷至沓来。而在以龙凤为徽的中国展馆门前站着迎宾的，却清一色地排列着以赫德为首的一排食大清俸禄的海关洋人。这次赛奇会给西方以什么样的印象，除了中国"确实地大物博，无所不有，只是国中无人"以外，怕很难有别的结论。

1873年，日本侵略台湾，海防问题重被提起。但信有"开花大炮轮船两事（日本）即可敛手"的李鸿章，饬令户部从关税中凑了45万两银子汇给赫德，由金登干经手向英国阿姆斯特朗公司订购军舰（又称蚊船）。这些舰船质量本来存在问题，几经修改仍未彻底解决。在由英国带回中国途中，就出了些大小毛病。

英籍船长葛雷森（W. H. Glayson）说"中国受骗了"，使金登干大骇。起先说葛不是"自己人"，还压不服葛，金登干竟骂葛是"豺狼"。赫德他们终于找机会抓了葛的"小辫子"，把葛解雇了事。而受了蒙蔽的李鸿章这时还称："今察看该船巨炮实足以制铁甲，守护海口最为得力，必应及时添置"，以后又连续购了几艘，前后共耗银百余万两。为了垄断购舰事宜，赫德、金登干与英国金融界和造船业的巨头伦道尔兄弟勾结，和中国驻德使臣李凤苞等人（甚至还有中国驻英参赞马德里）明争暗斗不已。赫德嘱咐金登干："购买炮舰，继续进行。但你须保守秘密，我不欲郭嵩焘、日意格或李凤苞等插手此事"，意即为中国购买舰船的事你知我知、你干我干而已。清政府把创建中国海军视为洋务活动的头等内容，赫德就这样两面三刀地对付他们。

说起郭嵩焘，也还要补充说一说郭嵩焘赴英"道歉"和在英开设中国第一个使馆的事。1875 年 4 月，云南蛮允发生阻拦英国探路队柏郎（H. A. Browne）及杀害马嘉理（A. R. Margary）事件。中英之间为此进行了谈判。因为英方把与此案无关的中英通商、税则、优待公使、赔款等历年悬案，一股脑儿地塞到这一案的谈判里面，弄得谈判难以进行。赫德"自愿"居间"调停"。其实，这一谈判老早就是在他所提的方案的基础上进行的。也就是说，谈判早就在他的操纵下。这时，他又借指派"调停"的机会，向总理衙门提出，增开北海、温州、芜湖三埠。谈判之中，中国只要对英方要求稍持异议，威妥玛就暴跳如雷，连他自己事后也承认"辩论中时常失态",使谈判几度濒临破裂。赫德奉总理衙门命,离京赴沪为马嘉理案的谈判转圜。他特别懂得如何照顾清政府那种虚骄自大的心理,保全他们的"面子",和在满足英国利益的基础上,适当抑制英国公使的骄横。确实是他才使谈判避免破裂。他对这次他在谈判中所起作用的估计是:"阻止了(中国)和英国的战争"。他向总理衙门讲:为中国着想,派一位使臣前往英国"理论"以为缓兵之计。清政府依了他,在当年决定派出郭嵩焘为全权公使赴英为马嘉理之死表示"惋惜"。又在赫德的建议下把郭嵩焘留在英国,开设了第一个中国的驻外使馆。从此,开了使馆经费从海关支出的惯例。不过,赫德又在其中做了手脚,也就是插入他的楔子。他把海关的得力税务司柏卓安(J. M. Brown)和屠迈伦(T. Twinen)安插在驻英使馆作为他的耳目,伙同金登干包围中国使臣。而郭却在他俩的"周到的安排"下颇为感激,以后还真把金登干当成了朋友。郭氏之妻在伦敦生了小孩,还按中国风俗给金家送了喜蛋。

中国海关驻伦敦办事处所购舰只挂着英国旗子,由英国海军出身的琅威理(W. M. Lang)率领回到天津。此时,连前带后,已买下8艘。在此基础上,又添了巡洋舰。清政府的海军初具规模了。赫德向英国海军部借用琅威理时是说服了他们的。他向他们交了底:琅氏是将来中国海军的"总教练"。他想的只是先通过琅氏来掌握这支海军力量,等到时机更为成熟,他才亮出他的底牌:将舰船编为两队,分隶南、北洋水师，由南北洋大臣"主持"。而人权、财权、造械诸事则是他用"总海防司"名义，以总税务司的身份兼管。此计一出世，中国舆论大哗。这个实为赫德一人主事，而又将南、北洋大臣像海关监督架空的同样办法，此时再也迷不住国人的眼睛。谁不知道清政府官场上的那一套：南、北洋大臣名为主管，实际上是由他们所派的监司官员跟着赫德"列衔会办"。赫德玩弄的正是这一手。人所共知，在上头是洋人在管事的一套制度下，下面的中国官员只能是关督第二！但是，此际日本已吞并了琉球。外侮日紧，海防急迫。清政府拿赫德的办法能作什么样的改变呢？李鸿章也搔头了。

这时候有个"位卑未敢忘忧国"的人，忍无可忍地发言了。那就是李鸿章手下的襄办洋务候补知府薛福成。他指出：赫德其人"阴鸷而专利，居势而自尊，虽食厚禄，受高职，其意仍内西人而外中国"，"朝建一议，暮陈一策，以眩总理衙门"。他建议把总海防司授予他，让他亲赴海滨，专司练兵，将他的总税务司职由别人代替，这样"赫德贪恋利权，必不肯舍此而就彼也，则其议不罢而罢矣"。李鸿章和总理衙门采纳了这个建议，就通知赫德，令他"专管"海军，辞去总税务司职。这条计谋考验了赫德。赫德知道他"在总税务司的位置上是不能移动的"，"移动就要引起危机"。总税务司一职可不能丢！鱼我所欲，熊掌亦我所欲，二者不能得兼，他只好放弃总海防司这块大肥肉了。不过，他并没有放弃为英国掌握中国海军出谋划策并切实推动之责。他从此转而促使清政府聘请英国人琅威理为"总查"，即北洋舰队顾问兼副提督，负责训练水师。他还说服琅氏"往后廿年（你）将在中国是一个比今天的我更大的人物"，以鼓励琅氏就任。不过，琅威理是个扶不上台的"阿斗"。他在北洋海军中不仅未能起到重要作用，却于后来在争夺权力中，因不得手愤而辞职，致使英国渴望掌握中国海军的计划泡了汤。

1881 年，英国的印度事务部派英国人沙苗（J. Samuel）来华，谋求通过实施鸦片"税厘并征"，由英印垄断对华的鸦片贸易。

这需要先解释一下什么叫"税厘"。关税分两种，即外部关税与内部关税。外国贸易输出输入海关所收的税是外部关税。内部关税一般分四项，即沿海移出入税（又称复进口税）、子口税、常关税和厘金税。前两种这里暂不解说。常关税由清政府委派的海关监督征收，上缴清廷，是为国税。厘金税由各地官厅征收、管理，属地方税。那时的清政府政治上虽有统一之形，而财政上并无统一之实。各地方对中央持"半独立"的态度。一遇镇压人民起义（这厘金的起源就是为了镇压太平军而设）、增设学校等需用新经费，地方上就在内关税中巧立名目，通过特别税法来增加地方收入。这厘金税原是地方上在内地水陆码头要地设立厘金局，向出入货物再课以百分之一的捐税，所以称"厘金"。后来发展到税率已不止"厘"，竟提高到征收百分之五乃至十五；而且厘金局卡越设越多，造成厘卡遍布，伤民害商。天津条约订立以前，中国内地商品流通，是"逢关纳税，遇卡抽厘"。洋货进入内地，或洋商从内地收购土货出口，概无例外。天津条约订立，鸦片（又称洋药）进口，开始每箱收银 30 两，如需运往内地，仍需逢关遇卡另付厘金。1876 年《烟台条约续议专条》第五款规定：英商运鸦片到通商各口，由"新关派人稽查"、"买客一并在新关输纳税厘"。这就叫"鸦片税厘并征"。赫德在这里的阴谋是借此让洋关夺取常关征收鸦片厘金权力。魏尔特在《赫德与中国海关》一书中说"赫德希望的是尽可能地把整个收税权全部集中到外国税务司手里"，就包括了税厘并征这一手。赫德早在 1875 年 9 月，就曾多次到总理衙门与恭亲王等面商整顿税厘征收办法。1876 年年初，他呈递了《关于改善商务关系的建议》。鸦片税厘并征就塞到了里面。这次沙苗的到来，正是赫德实现这个愿望的良机。经过他和天津海关德籍税务司德璀琳（G. Detring）的筹划，希望把早在争执之中的鸦片厘征收数目，按沙苗的方案确定下来。就是：否定李鸿章主张的每百斤合并征税厘 110 两和左宗棠主张的 150两，而肯定沙苗提出的 100 两。这当中既包藏着英国印度部通过沙苗包揽中国鸦片贸易的野心，同样也包藏了总税务司扩大自己权力的野心。经赫德"斡旋"，总理衙门已按沙苗方案"请旨照准"。只因英政府内部原因，他们对这件事一拖再拖，竟拖了 8 年还没有正式授权沙苗，沙苗的计划才宣告失败。赫德原打算借此扩大海关收税权力的欲望，也只有暂时抑制，另觅实现时机。

七　总税务司干预中国内政外交

 安排蒲安臣出使外洋

　　滑稽的是海关总税务司导演了一出让外国人来当中国驻外使节的戏剧。

　　由于客观形势的急切需要与赫德多次的痛陈利害，总理衙门已经认识到"遣使外洋应必举行"，只是苦于没有适当人选，想派也派不出去。

　　美国首任驻华公使蒲安臣（A. Burligame）和赫德一样，是执行比较温和的所谓"合作对华政策"的人。所谓"合作对华政策"也就是：扶持清政府；列强在重大的侵华事务上互相协商，彼此合作。蒲安臣平日文质彬彬，面带微笑，与李泰国、威妥玛等人，动则龇牙咧嘴，怒目相向，威胁动武，暴戾骄横完全不同，若只从态度上看恰成对比，自然颇得恭亲王等王公贵胄的好感。蒲在阿思本舰队问题发生以后，对赫德的处理表示同情，而对李泰国颇为反感。蒲的这个态度"一石二鸟"，清政府和赫德都很满意。恭亲王说蒲：

"其人处事和平，能知中外大体"，"遇有中国不便之事，极肯排难解纷"；尤其是蒲的见解与赫在《局外旁观论》中对华政策的见解完全一致，也使英国公使卜鲁斯十分高兴。还有，蒲曾在美国公使的岗位上，促成赫德出任总税务司。英国也没有忽略他的这一功劳，赫德私下更感戴不忘。

1867年秋蒲安臣公使任期届满，总理衙门设宴送行。席间觥筹交错，酒酣耳热，在恭亲王的优待款留之下，蒲安臣说出了他久藏在心的话：他是否可以利用此次离京之机，为总理衙门效劳一二？总理衙门大臣文祥在宴会交谈中，以一种非正式的口气试探蒲有无正式充当中国使臣的可能性？宴会一结束，蒲安臣连使馆都没来得及回，径直来到赫德寓所求教于赫德。经过赫德的多方活动，总理衙门于1867年11月，奏请朝廷赐蒲安臣一品顶戴，委任为大清国的钦差大臣。到翌年2月才作好出使准备，蒲安臣带着记名海关道志刚和礼部郎中孙家谷，还有一名赫德派给他当左协理（又叫头等参赞）的英籍海关税务司柏卓安，作为穿着马蹄袖的清政府官员，到与清政府有约的各国办理中外交涉事宜去了。上海的英文报《北华捷报》著文称："这个计划发自赫德的头脑。"

蒲安臣这个"碧眼儿"人为中国办下了什么事？说来伤心。蒲安臣首先出访他的祖国，与美国的国务卿西华德（W. H. Seward，也是前驻华公使）多次密谈，这两个美国人于1868年7月签订了中美《天津条约续增条款》，又称《蒲安臣条约》八条。这个以蒲安臣和西华德的历史经验为背景所订的条约，最大的特点是：处处为扩大侵略埋下伏笔，以扩大招骗华工和加强美国在华的宗教、文化势力。之后，蒲又相继偕团遍访了英国、法国、瑞典、丹麦、荷兰、德国、俄国。他们或递交国书，或谈判修约，总不外乎是就联合侵华与各国磋商，企图让大家都能再取得一个"蒲安臣条约"。团中虽也有两名清政府派的钦差，但他们既不懂外文，又从未接触过外交，并无实权，只能起点缀团中有"中国味"的作用。这个代表团以蒲安臣1870年2月病死俄京圣彼得堡为结束。虽由钦差志刚再带领余众，到布鲁塞尔和罗马转了一圈，那也不过是今天所说的继续"公费旅游"罢了。

商议修订《天津条约》

蒲安臣使团周游世界期间，赫德自己又干了一件三个英国人代表中英两方，商议修订中英《天津条约》的事。这年正是1858年中英《天津条约》规定的十年修约到期之年。蒲安臣在美国由两个美国人签约，北京这里，由英国使馆二等秘书傅磊斯（H. Fraser）、使馆职员雅妥玛（R. Adkins）和总税务司赫德组成代表团，先就修约内容讨论协商。是年1月到9月的谈判过程中，赫德不消说在这几个人当中当仁不让地占着主要地位，切切实实地当了主角。他刻意将谈判重点引导到有关财政和税务两项上，他确信这是谈判的关键。他所掌握的情况，任何人也是比不了的。凭着他的韧性、机智、对中文及中国国情的熟谙、英国公使和中国总理衙门对他的信任，1869 年 10 月 23 日中英新修《善后章程》十款在北京签字时，方证明其中关于税则的内容，几乎完全是以赫德的意见为依据的。这个条约，据魏尔特在《赫德与中国海关》一书中说："它是中英关系史上的一个突出的里程碑，也就是第一件不是用武力强迫而成的条约。"当然，专为订这个条约，确实是没有开枪开炮打死中国人，也可以说没有用"武力强迫"吧，那么"文力强迫"用了没有？高明的总税务司，使用"文力强迫"的收获究竟有多大？这可以从他在几年以后所写的《整顿通商各口征抽事宜遵议节略》中，他本人的文字以及海关税收数字加以证明。

首先，以不平等条约由侵略者强加给中国的低税率的中外通商，到了他的嘴里，变成了"互换出产"，乃是"以彼所赢，易此所绌"，"中外无歧视，而悉归平荡"。没有侵略与被侵略之分，完全是平等的了。这样，总理衙门就不丢面子，签约阻力大减。其次，在税率与征税问题上，总税务司尤其混淆。这次修约的结果为英国商人深入中国内地，特别是长江流域，真正是大开了方便之门。更不要说他们的个别商品税率，多次任意减低。从赫德正式担任总税务司的 1863 年起到 1908 年他离开海关的 45 年中，海关的税收由 630 多万海关两上升到 1930 万海关两，增加了两倍。但是在同一时期，中国的出口贸易数额由 10900 万海关两上升到 67200 万海关两，增加了 5 倍。从海关税收占贸易总额的比例看，它由 5% 下降到 2.9%。45 年间下降了 50%。美国知名学者费正清（J. K. Fairbank）在《总税务司在北京》（*The I. G. in Peking*）一书的序言中说道："作为一个机构，中国海关虽然只是间接地登录于条约，但它对条约的运行，仍然发挥了重要的协助作用。"我们认为这还是从轻里说的呢！他比起额尔金说过的话，并不更"深刻"。赫德掌握的中国海关，首先绝对不止是间接地"登录于条约"，起"条约的运行"的"协助作用"。它起的尤为重要的作用是在制订条约中所起的操纵作用。一般所谓"海关"，当然就是指中国海关，但如果说赫德，那可不止是专门领导中国海关的赫德。你如果那样看问题，那你就小觑了赫德。前面已经说过，在中国近百年史上，赫德对于中国的日趋半殖民地地位的促进作用，难道还有问题吗？

凡事顺利中总要遇到点不顺利，即便是赫德也不例外。中英新修《善后章程》费了他不少心思，可是由于还满足不了贪婪的英国商人，英国国内对这个条约的认识统一不起来，就签不了约，这使赫德好不烦恼。加之，这时与赫德比较相与的英国公使阿礼国退休回国，换的是与他意见常常相左的威妥玛。更为糟糕的是恭亲王与慈禧太后产生了摩擦。他在中国的大靠山出了这种祸事，他能不担心吗？而莫明其妙的是赫德还被同文馆教席方根拔告到上海的英国法院，说赫德"恶意歪曲他的行为"，法院判决他要付给方 1800 英镑赔偿费，来赔偿方的损失。赫德咽不下这口

恶气，上诉到英国枢密院。打官司总不免扯皮。正在
以上种种使他心情郁悒之际，1869 年有人告诉他：山
西各处种满了罂粟。他听后深感"大清无望"了。
1870 年天津发生了大规模的反洋教斗争。赫德此时能
抓的只能是不太大的事，比如清政府派崇厚为天津反
洋教一案赴法国"道歉"等等。赫德对此并不甘心，马
上抓住机会，调粤海关的副税务司薄郎（J. L. Brown）
等 4 个海关人员充当随员或翻译，从而造成凡中国的涉
外活动，皆有海关人员插手其间的惯例。

当然他也不会放松对海关的巩固继续努力。这一
期间，他公布了《会讯船货入官章程》，把中国人民切
齿痛恨的"领事裁判权"引进对海关案件的审理中。
他本人还不断巡视各口岸，远至台湾的打狗关（今高
雄），帮助各关健全稽核制度，使海关的情报工作又推
进了一步。还公布了《各关征免洋船钞章程》，允许外
国船只缴纳一次船钞后，4 个月内免缴船钞。外国人称
这是个"极为宝贵的权益"。不过，他也发出了悲声，
他说"我对仅仅作为一个收税人感到厌倦。我希望在
海关再留上两年……在将来有一天，我要让位给更年
轻，更称职的人"。可见他当时心灰意冷。

 组建中国海关驻伦敦办事处

1874 年，他组建了为他以后插手中国各方面的大
事，起决定性的辅助作用的中国海关驻伦敦办事处。
办事处以小规模"代理商"形式其实早已存在，只是

人员不甚得力，作用不太明显。因为要跟方根拔打官司，赫德便遴选了原来他的稽核账目税务司，又曾多次执行过某些"特殊任务"，包括帮李泰国在英国采购船舰任务的金登干为"无任所秘书"，后称"驻伦敦办事处主任"负责全局。其后，这一办事处的任务几乎无所不包，大到国事，小到家事，均由金登干认真周密地加以处理。赫、金两人在长达34年之中，除北京发生义和团事件，赫德被迫中断通信以外，从没有断过双方通信，不是手写，便是电报。这些信件共3528封，电报4496件，展示了他们两人的内心世界，也展示了各帝国主义者在中国的勾结与争夺，成为研究中国乃至世界近代历史的重要资料。这些资料由于它的重要性，密码只有他们两人认得。这些信件赫德生前从不示人，他死后嘱咐家人，不得外传。赫德的长子E. Bruce（又名赫承先）实际上是个纨绔子弟，在金登干死后，接任了海关驻伦敦办事处主任一职。这位"不肖子弟"终于使金登干移交给他的中国海关驻伦敦办事处办不下去而被撤销。原放在办事处里面的这些机密通信，就成为历届海关总税务司争夺的对象。不过，历史是不以个人意志为转移的，它终于在1990～1994年出版被全部公之于世。因此，以下我们再叙述中国海关的事情，就有了条件以他们双方布置与汇报工作的来往机密函电说明事情真相。比起上面部分，引用了这些第一手材料（凡双引号里的就是引自他们双方或函或电中的材料），那将使你读来更加感到信服。

4 海关插手中法外交

1883 年法国入侵越南北部，中、法之间爆发了战争。赫德分析"中法间的战争差不多已是肯定的了"，便将他的妻儿送回英国。他后来鉴于战争影响了英国的对华贸易，就又想出了新招。本来闲得发慌的海关驻伦敦办事处，几乎在众议的压力下闭馆。赫德又为它安排了重大任务。

赫德背着中国政府，在李鸿章与法军中校福禄诺（F. E. Fournier）签订《中法简明条约》，而该约旋即被法方破坏，战争复起之际，私自以个人名义，命金登干密赴巴黎，径见法国总理茹费理（J. Ferry），试探议和的可能性。金登干在巴黎待了两天，不得要领而返。其实，赫德自己也觉察到时机尚未成熟，急电令金勿赴巴黎，可见他急欲插手！而且他告诉金登干他要"排除"来自清政府和各列强的"干扰"，"把事情全部抓在自己手中"，通过秘密外交，由他来解决中法之间的问题。不过，事情不那么如他的意。德、俄、美诸国都试图插手，各怀企图，互相牵制。清政府则在和、战两派之间，举棋不定。恭亲王因为跟慈禧不和，此时处于失势的边缘，遇事退缩。赫德遇到四面八方的阻力，恨得他多次埋怨"厨子太多坏了汤"。对于作为他的下属的天津海关德籍税务司德璀琳，参与中法修订《天津简明条约》的居间活动成功，他十分嫉妒。赫德自己感叹说："我所畏惧的倒不是他将取代我的地位，而是德国的势力将因他而高涨，英国势力却要衰沉下去……"他竟然沉不住气，情绪低沉地向金登干说："也许有一天你会接到命令，把伦敦办事处搬到柏林。"不过，他灰心得早了点。由于法军在上述条约生效之前，贸然进攻谅山，在 70 岁的老将冯子材率领下，清军在谅山对法军予以沉重的回击，以致双方又陷于敌对状态，这使赫德终于取得了插手谈判的机会。谅山失利使法方把破坏《天津简明条约》的罪名加在了中方身上，按条约向清政府讹诈 2.5 亿法郎的战争赔款。清政府慌了手脚，赶紧找来赫德，希望通过斡旋，早日解决新起的争端。赫德亲自出马，到北京法国驻华使馆与代理公使谢满禄（M. J. C. E. R. Semall）密谈，马上又到总理衙门转达法方的话。接着，他又去上海充当中法谈判的斡旋人。他原来是反对付法方赔款的，这会儿又摇身一变，首先由他向总理衙门提出两条：一是清政府先承诺赔款；二是赔款数目由与中国订有条约的 3 个国家商定。不过，他要了一个手法，把"赔款"改称为"抚恤"。他还向总理衙门提出：代表清政府的谈判大臣曾国荃，必须将所有谈判计划、办法先和他"商量"。但因法方要价太高，为清政府断然拒绝。皇帝震怒，旨谕：拿办任何主张赔款的人，并罢免了总理衙门的 6 位大臣，还电令总税务司回京。7 月的上海，赤日炎炎，汗流浃背，赫德遇此身心交瘁。他在电报中告诉金登干："我在此已费尽力气，但绝无成功之望。"他"没有一分钟时间来处理海关事务"，只有请英国政府出面调停了。他经过金登干去找英国军火巨头、金融巨头伦道尔（S. Rendell）转请英国政府"试探"调停办法。可是，英国此时宁愿法国去忙越南战争，以免它与英国争夺埃及，没有理睬赫德。他准备自己单干。在信中他向金登干说："如果我能把整个事情抓在手里——单独地抓在我手里——我早把这事解决了。"

1884年10月中旬，中国海关的供应船"飞虎"号在台湾海面活动，为法方扣留。法方通知海关当局必须得到巴黎的命令，才能释放"飞虎"号。

机会来了！赫德于1885年1月电令金登干驰往巴黎，以释放"飞虎"号为由，径向法国总理兼外长茹费理试探法方对议和的条件。

这才算是赫德"业余"外交的真正开端。

从此，作为中法议和的幕后操纵者，他逐日与金登干交换电报，从原则到具体事务，指示金在巴黎与法方进行谈判。这一期间，仅金登干一方所用电报费就高达白银8万两，连赫德都嫌多了。茹费理对赫德所提和议条件，给予了"听到的惟一合理条件"的评价。随即金登干又转致茹费理："总税务司取得清政府授权"，"皇帝批准以下四款方案"，那第一款就是：中国海关驻伦敦办事处税务司……金登干受命为专使，代中国与法方所派代表签订本草约，作为初步协议或（谈判）起点。同时把这个谕旨转交法国驻津领事林椿（P. Ristelhueber）。这样，这宗秘密交易就在赫、金的包揽下进行了。赫德了解到清政府筹措军火、军饷深感困难，战争此时又转为对法方有利。而法国由于在侵略越南的同时，还进行着侵略马达加斯加的战争。国内人民的不满日益增长，群众在示威游行中，高呼"打倒茹费理"，茹费理当日被迫下台。因此法方希望乘胜求和，以保证自己在和议中的有利地位。而赫德则唯恐谅山的胜利使主战言论影响宫廷，把"三个月以来不断努力和耐心所取得的成就完全搁浅"，也极力促和。但是，中国人奋力将谅山收复，使战场形势突变。这本来已使中国在军事、外交上转而处于有利地位。但在赫、金的"斡旋"活动中，他们根本不考虑这一有利形势。他们居然在中国人民战胜的情况下，不在中国国内而在远隔重洋的巴黎；不由中国人而由他们这两个英国人，匆匆忙忙就把中国的利益出卖了。在法国内阁倒台后新内阁都还来不及成立，违反常规地由总统授权让新任外长毕乐（A. Billot）出面，这个条约就由他和金登干二人签了字。这在世界历史上是没有先例的。这一条约承认了法国对越南的保护权；法国取得了在我国西南通商的特权；法国开始在中国夺取修筑铁路权。这些通通是在法国军事失利时取得的，这同样是在国际上史无前例的。怎不叫中国人愤怒！两广总督张之洞以为："赫德一手承揽，中国坐受其愚，边民绝望，边防日蹙，可为痛哭流涕"。时任驻德、意、荷、奥等国公使的许景澄也认为："中法和议皆赫德密与总署（总理衙门）接洽，北洋（指李鸿章）并不与闻"。户部主事唐景崧也责备赫德"欺蒙朝廷，愚华助法"，他说："撤兵而后定约，（中国）已中诡计。"法方的外交部长佛来新纳（C. De. Freycinet）于欣喜之余，当面对金登干称赞赫德"在整个谈判过程中是名副其实的大导演"。由于中国国内舆论一片哗然，纷纷责问：朝廷当初为中法战争，曾有"嗣后如有进和议者，定即军法从事"的命令，此次进和议者为谁？李鸿章复电称："查进和议者二赤，我不过随同画诺而已。"这世称"二赤"的赫、金（其实，还不止二赤，金登干夫人也参与其事，有人还把《中法简明条约》戏称金登干夫人条约），就能左右中国朝廷至此，岂非咄咄怪事？

正在享受中法签约顺利快感的赫德，又逢自己 50 岁生日的到来。每年总税务司的寿诞，也就是海关洋员加官晋爵的升迁之日。洋员是日无不齐集，在灯红酒绿的宴饮中，为赫德祝福。不巧，传来了英国驻华公使巴夏礼的死讯，同时也收到从伦敦发来的让赫德接任英国驻华公使的电报。赫德心潮起伏：论名分，那公使名义比总税务司好听；论实惠，还是总税务司第一。他一时委决不下了，生日快乐变成生日不快，便电请他的夫人出主意，回电是劝他就任公使一职。他更为踌躇了：一旦他的身份变成了英国公使，参与中法谈判就是"僭越非分"，就会立即使"和谈"复杂化；但是，新任内阁总理沙士伯里（R. C. Salisbury）听了外交部长庞斯弗德（J. Pouncefort）对赫德的评介，内阁便一致赞同了这项任命。赫德再没有犹豫的可能了。

那谁来接替总税务司这个如此重要的职位？赫德

心中的如意算盘是让他的弟弟赫政（J. H. Hart）来干。
他这个弟弟虽也精明能干，但比起乃兄来，相差自然
很远。赫德的本意是他当了英国公使，他还可以通过
他弟弟"遥控"海关。这个设想总理衙门没有反对。
但是中国海关总税务司的职位，对人太有吸引力了，
各方面都在角逐。美国捧出了他的老友同文馆馆长丁
韪良（W. A. P. Martin），可问题是丁并无行政工作经
验；而最为有力的竞争者却是德籍的德璀琳。德璀琳
以德国为背景，任津海关税务司多年，于外交也每每
插手，受李鸿章的支持，正以咄咄逼人的姿态夺取总
税务司职位。赫政远非德璀琳的对手。后来，赫德听
了丁韪良的两点劝告：一是赫德离开海关，有可能使
海关分裂；其二是如他就新职，因过去经历之故，将
在中英双方间难于处好。这个意见，正合他意。这就
促使赫德痛下决心，辞谢了公使职位。这个决心可不
那么容易下！他本来连上任的黄道吉日——他的结婚
纪念日都选好了，准备去英国使馆上任。但经过再三
权衡，他终于还是以中国海关位置为重，放弃公使职
位。可见，丁韪良说的海关对他"像创建一个国度相
匹"的工作成效，是如此来之不易，怎忍抛它而去！
赫德在致英国首相沙士伯里的信中说："我个人对于
（英国）公使馆算不得什么，我对于（中国）海关却
意味着一切。"他建议"外交部可以倚赖我的合作，促
进英国的利益"。人们要认识赫德领导下的中国海关对
英国的在华利益起什么作用，从这几句不多然而发自
内心的话中，不是一清二楚了吗？

帮助英国占领缅甸

英国看到法国以军事败局仍能在华得手，实在眼馋，1885 年 11 月，公开声明它要吞并缅甸，接着便派军入缅，恭亲王要求总税务司先"以私人途径安排解决"，"以后再由官方正式进行"，"免得大家为此事正式谈判，有决裂危险"。可见总理衙门不以为中法谈判是赫德让中国吃了苦头，而是尝到了省事的甜头。清政府赏给赫德双龙二等第一宝星，没多久又赏赐戴花翎。处于权势顶峰，气儿正粗的赫德，商量都不找恭亲王商量，便径自向英国政府提出由他起草解决缅甸问题的《中英协定草案》。那些让人卖了还帮人数钱的总理衙门大臣，对他的"斡旋"还一个劲儿地表示赞赏。谁让中国正是"多事之秋"哩，就只好让赫德在帮助法国取得越南之后，立即又谋划英国吞并缅甸了。

1885 年 10 月底，中国驻英公使致电总理衙门提出了交涉办法。总理衙门不能不理。庆亲王奕劻找上赫德，郑重地托他"安排解决"。赫德在给金登干的信中说："法越事件才告结束，我们又碰上了英缅纠纷……但是王爷极其恳切，对英国的态度如此友好。他叫我想法子不经官方途径，与英国取得友好谅解，免得大家为此事正式谈判有破裂危险。幸而欧格纳（O'Conor）是我的知己好友，此事料可办妥。"这正是赫德辞了公使职，新使尚未来到北京，暂由头等参赞欧格纳署理馆务之际。两个"知己朋友"的英国人，正好办英国吞并缅甸的事。可是，当时的总理衙门大臣，竟找上门去"郑重相托"。今人看来，确难理解。但是，事实就是那样。赫德拿出了他拟就的《中英协定草案》的主要内容：中国承认英国占领缅甸，并在中缅边境择一地对英开放贸易；英国则应允缅甸按成例每届10年向中国进贡。

上文说过，他连问都没有问过总理衙门，就电告英国官方："如果英国能接受这一草案"，他"保证能取得总理衙门的同意"。在提出此案的前4天，英国军队已经进攻缅甸。10月28日英军占领了缅京阿瓦（曼德勒），俘获缅王锡袍。次年的1月1日吞并了缅甸。宣布把它改成印度的一个省。这么神速地就占领缅甸，赫德在信中还说："可惜英国外交部不在我初提此事时就立刻下手，那样我们的成果还可以更好些。"

英军的军事占领顺利，外交解决却因中国官场上死讲"面子"而拖延不决。争执的焦点是进贡问题。赫德又耍《中法简明条约》中建议把"赔偿"改成"抚恤"的老花招。他说："何不创行一种新的有限度的吞并，由中国——原来的宗主国——容许英国照自己从前统治的样子来治理它的朝贡属邦呢。"他摸清楚中国官场重"面子"的老毛病，告诫英国政府：条约上尽可能少用或不用"吞并"、"进贡"等字样。而他的处世哲学则是"虚名无损于实利，而实利能左右虚名"。他说他提出的草案"已包罗一切"，能使"英国取得实利，让出虚名，并保持中国的友谊"，"我深知什么是办得到的，什么是有利的，因此奉劝听从我的提议"。在一百来年后的今天，读到他劝英国政府的这番知心话，不能不使人感到：哪里还有比这更忠心的英国臣民！中英《缅甸条款》在 1886 年签字生效。金登干打给赫德的电报中说："我看见第一款内明白规定每 10 年由缅甸人致送贡品。协定的前三款，可以说全部与你原来所提的相同。正所谓'天从人愿'了。"赫德接到这个电报不消说是要抿嘴而笑了。这"二赤"多么玩弄中国人于股掌之上！

 ### *6* "协调"葡萄牙"永远驻扎澳门"

香港一带鸦片走私猖獗，严重影响到粤海关的税收。清政府为办海军急于用款，为了对付猖獗的走私，便支持总税务司在香港的陆地边界上设立了一些缉私站，又派了一些小型的武装缉私船在粤海关辖区周围的水面上巡逻。实际上收获极小，但香港却大喊"香港被封锁了"。1886 年 4 月底，清政府派赫德会同苏松太道邵友濂作为中国代表，去香港谈判鸦片税厘并征问题。由英方代表 4 人与他俩组成"洋药委员会"。清政府的想法是以取消"封锁"来换取香港当局对鸦片税厘并征的承诺，解决猖狂的走私，借以增加税收。赫德的想法是：怎么趁解决香港鸦片税厘并征的机会，把原来属于澳门地区常关管理的权力夺到他所统属的海关，以扩大他的权力。这次可是上帝给予他的机会。

谈判刚开始，英方委员就说："从前关卡所为，俱系香港不以为然之事，而近来该卡并无扰累，所行所为与香港情事亦无掣肘，因此烟台条约所提之扰累一节可作罢说，勿庸会议。"它的算盘是不扯鸦片并征不并征的事，而把重点放在如何向中方取得与葡萄牙控制下的澳门相同的贸易条件。因为自葡萄牙在 16 世纪占领澳门领土后，由于它还没有取得中国的条约承认而归属地位未定。清政府对进出那里的中国民船和所载货物就还按国内货物征税，对往来香港的同类货物则按洋货征税。这就使澳门比香港占了优势。港英当局的意思是港粤间的贸易与缉私办法如要香港接受，就须以澳门接受为条件。把这香港鸦片怎么收税和澳门归哪国这两件"风马牛不相及"的事扯在一起，以便形成"若不准葡人立约，澳门必不照办"的互相牵制局面。这本是帝国主义张开大嘴在漫天要价。

赫德早有打算。他对澳门地位的关注并非始自今日。前文说金登干曾说他去执行过"秘密任务"。那秘密任务就是奉"总理衙门"（实际是总税务司垂涎澳门地区税收在背后出的主意）之命，跟随当时刚刚卸任回国的西班牙公使玛斯（S. De. Mas）去葡萄牙秘密谈判用钱赎回澳门。澳门若回归中国，收税权他就方便插手了。至于澳门属中国还是葡萄牙，这倒不关他的事。他只要他垂涎的澳门地区的鸦片税收权力。那次因玛斯不久病死，葡萄牙坚决不肯放弃澳门，赎回的事没有谈成，这次港英当局既提出了这个他久已关心的问题，7 月 21 日，赫德就前往澳门，与即将卸任的澳门总督罗沙（T. De. S. Roza）会谈，两人重提 18 年前的旧事。罗沙的想法是他要解决葡萄牙永占澳门的问题。这三方利益的结合，致使赫德在两个月之中穿梭般地往返于港澳之间，秘密地与澳方会商。巧在中方的苏松太道邵友濂随即调任北上，只留赫德还在香港。与港、澳的谈判自自然然地便入他一人掌中。经过匆促而又紧张地往来磋商，9 月 11 日，赫德便代表清政府与英政府签订了《管理香港洋药事宜章程》，同时他与澳门总督罗沙共同拟定了《中葡条约》的底稿，允许葡萄牙"永远驻扎澳门"。也就是说，表面看来是取消防止鸦片走私对香港的封锁，但实质上是换取了港英当局支持鸦片税厘并征，而同时允许葡萄牙"永远驻扎澳门"。

他是怎么"协调"两方的？中国人有句俗话叫"又做巫婆又做医"，用在这里也还合适。

他先是把葡方要求的"永远驻扎管理"这一属于一国主权的重大问题，故意向总理衙门轻描淡写。他把割让形容为"并非格外允许异事，只系将多年相沿之事，作为应有之事"。他的意思是说：早就是这样占着的嘛，签个约怕什么呢；而且他还替葡方解释："该国并不能从若等字样另生别事。"李鸿章也因为可以搞到钱来扩大北洋海军，就向总理衙门游说："赫德力请用此公平能成之办法"，他认为"办法公平"，希望"准照所请办理"。可问题在于罗沙并不以此为满足，偏要以"若等字样另生别事"。他进一步提出还要驻扎管理澳门附近的拱北和让中国撤出澳门外围常关税厂

两项要求。赫德找法律顾问研究再三，指示金登干
"中文文字不妨含蓄，只要提到就够了，不必说得太
多"。但是光在文字上耍花招也不行，总也躲不过"永
久居占"和"澳门的附属地"这些字样。总理衙门听
到"拱北是澳门的附属地"，也要由葡方"永久居占"
深感吃惊地表示："附属地反倒比澳门大！馒头比蒸笼
还大，怎样能行。"总理衙门不干了，赫德向金登干发
牢骚："我们不便强迫，以免谈判整个失败。只有连哄
带骗，下种后顺其自然，慢慢让它开花结果。"于是他
便派金登干专门到葡京里斯本，代他密谈。最后他俩
打出了一张王牌，说"总税务司电令金登干探询购买
巡舰价格，以增强现在已经是很雄厚的缉私舰艇力
量"，意思就是，你澳门不识相，中国就要使出断绝某
些供应作手段，让澳门饥荒，置澳门于死地。葡萄牙
吓倒了。最后葡萄牙虽然放弃了管理拱北地区的要求，
却得到了"永据澳门"的大收获。正如赫德给金登干
的电文中说："至于我们给澳门的，对于中国不算什
么，而对葡萄牙却获利甚大。"葡方对此"很高兴，很
满意"，国王隆重地接见了金登干，并赠给总税务司以
基督十字勋章作为报答。

以张之洞、曾纪泽为代表的清朝官员对此强烈反
对，纷纷上奏"暂缓批准"。如实在不行也要谋"挽回
补救之策"，众议沸腾。一直闹到皇帝下旨用大帽子压
大家，"此时事在必行，势不能顾惜一隅，动摇全局"
为止。

《中葡里斯本条约》签订后，赫德写信给金登干

说："这是一次不小的扩张权势，看上去总税务司早晚可以管理通商口岸以外的事了。"

7 操纵中英西藏谈判

占领了印度的英帝国主义早就对西藏怀有野心。往近里说，1875 年英国探测队随员马嘉里被杀，清政府被迫签订《中英烟台条约》，规定可以发给英人护照游历甘肃、青海以及由四川进藏。但因西藏人民反对，未能实现。1885 年英国又派员再作入藏尝试。当时中英正为缅甸问题谈判，英国为使清廷承认英国统治缅甸，同意停止派员入藏。订约仅一年，英印军队就出兵侵占了咱利、亚东、朗热等地。1888 年，清政府命驻藏大臣升泰在亚东附近的纳荡与英国代表保尔谈判，但久无结果。总理衙门听了赫德的话，派他的亲弟弟海关税务司赫政作为翻译到藏边"协助"升泰。但是，他却要赫政"把事权操纵在自己手里"。在谈判中，兄弟两人每天都有密电来往。加尔各答的英国汇丰银行就成了总税务司兄弟来往函电的联络点。反正参加谈判的都是英国人。赫德对谈判双方都加以指导，两方都根据他的电报行事。他一方面暗示保尔："虚张声势，多所要索"；然后把要价"减掉一些"，他又对他弟弟说："不妨把印度方面的条件说得大些……小心地使鱼能够自来上钩。"他就这么唬弄中方，使英帝国主义如愿以偿，取得了对哲孟雄的统治权和在西藏通商的利益。近百年来，西藏问题植根于此。

插手中国举借外债

由于中国的民族危机越来越深重，清政府基于统治者本身的利益，根本没有倾国而战的勇气、能力、决心，对各帝国主义的贪欲居然说："偶有要求，尚不遽为大害"，一味避战求和。而英国通过赫德的口说出了它的心里话："五年的战争，可以扼杀二十五年的贸易，这对英国不利"，"有约国在（中国）沿海的利益，特别是英国的（利益），需要迅速解决争端"，两者是在避战求和路线上结合起来的。

海关（洋关）是根据不平等条约而设立的，有外国势力的支持，由外籍总税务司管理，税款有一套正规的管理办法。因为它能保证税款不被挪用，所以列强贷款就都要求用关税作为抵押。甲午战争以前，清政府已兴借外债43次，共为库平银45922968两，70%是以关税作为偿还抵押的。其中用于1874年向英国汇丰银行借来的"台防借款"（这是清政府借外债的开始）上明确规定，必须有"总税务司印押方能兑银"一条。自不待言，这使海关得以对清政府的财权加以控制，从而扩大了海关权力，加强了海关对清政府的影响。当甲午战争还在打的时候，赫德根据他对清朝财政状况的深入了解，已经着手为英国银行竭力争取清政府的借款。因为，英国没有能如愿地插手中日争端，使英国本身以及在赫德领导下的中国海关，无论是在声望上还是在势力上都有所下降。赫德想用战争贷款给中国的形式加强英国的地位。何况，列强间早已爆发了激烈争夺贷款和争夺海关权力的斗争，这更容不得他忽视。金登干告诉他："法、俄政府正逼迫中国人用俄国人继您充任总税务司。"法国公使还说，真不行时中国海关内要派法国代表，和赫德"平起平坐"。再不行至少也得有 6 名法国人担任海关的内班职位。这些人要由总理衙门直接任命，不要通过赫德。后来又提出要组织一个"混合委员会"接替赫德等等，沙皇俄国趁向清政府提供一个年息四厘、九三发行的贷款机会，提出总税务司一出缺就由俄国人担任。其争夺之激烈，已经令赫德感到"可怖"，逼得他不得不采取相应的办法。怎么做呢？他的策略是：立足于总税务司的职位来保存总税务司的职位。他就从加强与英国的汇丰银行的结盟以夺取中国的外债，从而造成英国的政治优势入手。他决心以中国借外债的机会，作为他解决英国垄断中国海关总税务司一职的切入口。

中日战争期间，为筹措军费中国共借 4 次数额较大的外债。其中两次就是向汇丰银行借的，即所谓的"汇丰银款"和"汇丰金款"，总额为 28653962 库平两。这两次经由总税务司之手的借款，占清政府此时所借外债总额的 70%。

甲午战争以清政府的失败宣告结束。当赫德获悉威海卫军港陷落，北洋海军覆没，清政府决心求和的消息，他通过海关驻伦敦办事处金登干这一极机密又极畅通的渠道和英国政府密商。他首先向英国透露："战争结束后中国需要大批款项。"总理衙门有了向英国汇丰银行借款之说，他急电英政府透露贷款条件："用盐税、厘金或田赋、或以海南岛或舟山群岛作抵。"一俟《马关条约》订定，确定清政府将赔款两亿两，更引起了列强对中国贷款的角逐时，赫德立命金登干向英国金融巨头伦道尔、外交大臣庞斯福德和首相沙士伯里反映："俄、法提出取消英国人任总税务司的要求，威胁到大英帝国的在华利益。"希望他们出面，争取英国银行在向中国贷款中捷足先登。而且，他还电催汇丰银行："趁别人还在谈判时抢先办妥"，"速办为要"，一面又促使英国政府"对中国施加压力，劝中国听从忠告"，"拒绝向俄国借款"。不过，终于拒绝未成，俄法借款签订了。俄法两国想趁热打铁，企图包揽第二次借款。赫德着急万分，向英国建议："出面担保提供低利贷款，可望取得政治上的优势。如若法俄的联合继续下去，则他们得利英国吃亏，以后造成同盟和军事上的优势，为害是无穷的。"英政府不得不拉拢俄法借款中被排挤出去的德国，迫使清政府把下一次借款留给英德两国。约合一亿两的 1600 万英镑名为《英德洋款》签字了。其中规定："至此次借款未付还时，中国总理海关事务应照现今办理之法办理"，"借款 36 年内还清"，"36 年期内，中国不得或加项归还，或清还，或更章还"。也就是说不许你早还。人们会不解地问：怎么，早还还不准？是的，不准早还的根本要害就是它要变着法的使英国继续在 36 年中仍然占据总税务司一职，以控制中国海关。

第三次借款英俄仍继续斗争。但在英国外交部、汇丰银行、总税务司联合进攻之下，总理衙门终于将第三次借款机会给了英国和德国。在借款草合同签字时，"俄国人无可奈何，法国人暗图报复"，可见，英国人是多么满意。不过，等到正式合同签字，他们还要满意哩！这笔借款无论从政治上还是从经济上看，都是对中国的惊人盘剥。此次借款合同上规定借款以海关税收为抵押，但不足抵付时要加上苏州、淞沪、九江、浙东四处货厘和宜昌、湖北、安徽三处盐厘。这七处货厘和盐厘由海关总税务司派员征收。这样，海关势力便打入内地税的领域了。而且，这次借款，中国只得八三（借款百两仅得八十三两），英德银行却得到17%的回扣，另加经手人佣金一笔不小的数目。伦敦金融界的大亨得讯，立即包购了全部债券。这说明什么，明眼人一看便知。条约还规定，借款偿还之前"海关事务应照现今之法办理"。什么叫"现今之法"？那就是借款多会儿还，英国人就控制中国海关多久。由于这笔借款偿还期竟从36年延长到45年，英国统治中国海关的期限，自然也就从36年延长到了45年。英国以"海关制度45年不变更"为核心与各列强的斗争，真是胜利了。因为，中国海关总税务司一职确实了得！他掌握的权力，世界上任何一个行政单位的负责人，都无法与之比拟；由于他掌握了中国国门的钥匙，他对清政府的统治者就有重大的影响力。控制了中国海关就等于控制了中国财政；控制了财政，不就等于卡住了清政府的脖子？就因为有这么大好处，才会引起列强的激烈争夺。借用魏尔特的话：当上了中国的总税务司，就可以"乘中国国运不昌之际，欺其对国际财政之无经历，以剥夺其利益"！魏尔特此话虽原指几次大借款一事，这固然是对的，但移用在中国海关总税务司身上，同样十分恰当。

中日甲午战争以后，清朝如大厦之将倾。财政上极端支绌，虽左挪右补也无济于事，得靠举借外债过日子了。它所举借的外债就又成为列强侵略中国的重要手段之一。本来，海关是征收对外贸易关税的行政机构，外债与海关并无必然的联系。只因清廷在举借外债时把关税作为抵押，这才把外债跟海关扯到一起。它也为列强争夺中国的海关展开了尖锐的斗争。

八 中国人海关自主权思想的产生

海关干预的事越来越多，当它的权力达到顶峰之时，也就是中国官民反对海关的高潮日益到来之日。中国老百姓并非像当时多数洋人想象的那样"愚不可及"。早有人觉察赫德这个人。赫德自己都听人家传说："总税务司署是危险的"；他们说：中国对赫德的使用是"太阿倒持"。太阿就是宝剑。自己拿宝剑对着自己，岂不是笑话？1875 年天津商人罢市反对海关苛征；1883 年广州群众示威，反对海关洋员行凶杀人；1894 年西藏官民不准外籍税务司进亚东关。清末，通商口岸高悬洋关"拨驷达"（Post）书信馆的牌子，已经给仕人以半殖民地的厌恶感。而洋关居然敢为民信局私运信包、"枷号犯人"，这便引发了民信局的大规模罢班；九江关自暂归税务司代征抵偿款，新旧交替之际，众情汹汹，几肇事故；厦门因海关制定的常关章程苛刻，引起了罢市、罢港，市民捣毁理船厅，围攻海关。一些留学回国的中小官员，为反对海关兼办邮政一并反对海关。1903 年，作为清政府"新政"的

72

第一个机构商部成立。"新政"中的主要人物形成了一股反对海关的活动，从种种不同渠道呼喊出：一个中国的机构，难道就得让洋人辖治到底吗？

这里必须把爆发于两次鸦片战争之间的，中国农民革命运动建立的太平天国对待海关机构和海关制度的作法说一说。可以看到，同一时代，不同的政权，对待外国入侵者的不同态度。

太平天国那时还是处于争取革命战争胜利的时候。在那时它唯一的、压倒一切的任务自然是打败清王朝和巩固才建立的新政权。所设海关当然是带有强烈的军事色彩的。它规定：一切通过长江的船舶，无论它是自上游还是自下游来往，俱需在天京关的头关、下关接受检查，然后由中关复查。对外商尤其如此。各船货单必须相符又无违禁之处才能放行。对走私漏税，绝对禁止，尤其严禁鸦片输入。英国怡和洋行在太平天国辖下的宁波，两个月当中"一箱鸦片都没有卖出去"。它规定："凡私盗关凭，混出城卡，一经盘获，定斩不留。"而它的关税税率极低，仅 2% ~ 3%。"船长一丈，抽税千钱"，说明所征船钞也很轻。怡和洋行也得承认任何通过太平天国所设海关（宁波）的货物，都只付少量的关税。它不仅税轻，且只纳税一次就可运达目的地。这种税收政策，使那些战争破坏稍事恢复的地区，如苏南、浙西等，只要社会秩序稍有稳定，生产与流通很快就得到恢复和发展。当然，它那时因战斗频繁，不仅海关制度不可能完备，其他方面也同样还处在初创阶级。但是，它实施了海关自主的政策，维护了国家主权。这与清王朝让帝国主义者掌握了国门钥匙，岂非鲜明的对比？

郭嵩焘问过赫德："君自问帮中国，抑帮英国？"

赫德答："我与（彼）此都不敢偏袒。譬如骑马，偏东偏西便坐不住，我只是两边调停。"

郭更逼问："无事可以中立，有事不能中立，将奈何？"

赫德答言："我固英国人也。"

这番话郭嵩焘转述给了慈禧。连她也说："可见他的心事是不能不帮护英国。"

赫德的这个"骑马"说，虽是被逼出来的，前半截是鬼话，但也不能不承认他说的"我固英国人也"还是实情。

中国人当中的先进分子对于国门钥匙为外国人把持，中国在商战中必败之理，早已有所认识。资产阶级改良派中著名的郑观应就关税对保护中国的资本主义发展的作用指出："洋货入中国则输半税；土货出外洋，则加重征……颠倒错紊，华商安得不困，洋商安得不丰？"他严斥总税务司专权，主张撤换洋税务司，易用华人。他在《盛世危言》中说："权自我操，不致阴袒西人，阻挠税则，不特榷政大有裨益，而于中国国体所保全者尤大也。"意思是说：海关大权掌握在中国人手中，不致偏袒洋人，不仅对海关行政有好处，且对保全中国主权作用更大。郭嵩焘的翻译马建忠主张，修改不平等条约，收回关税自主权。海关监督中的知名人物薛福成更是反对"中国兵权饷权，皆入赫德一人之手"最为坚决的人。至于军机处章京、作《庸书》的陈炽、第一个赴美留学的容闳，以及康有为、梁启超等，也是对关税权益落入外人之手大声疾呼反对的。孙中山先生明确提出"海关税则须有自行管理之权"。

1904 年的清政府已如大厦之将倾。不过，内部出现的革新派活动却在上升。他们开始从接管海关管理的商标注册权入手，希望渐渐地削弱和限制海关的权力。此后半年左右，又因为海关主办的国际博览会的展出中，竟多有故意丑化中国人的小脚、囚犯、娼妓、洋烟鬼的事，留欧学生和商人为此特上禀外务部，痛表愤懑之情。商部便接管了海关主办国际博览会的权力。清政府当中出现的那股新力量，越来越强烈地发出了收回海关主权的呼声，这让统治者不能无视。接管海关或改变其隶属关系的形势不可避免了。精明的赫德在密信中对金登干说："一个总攻击将造成祸害……我不知道外国人（指海关洋员）要怎么办。"他便加紧安排让他的妻弟裴式楷来接他的班。事不如愿，清政府这回不听他的话了。

1906 年春，清政府内酝酿已久而向赫德严守秘密的事——成立税务处，海关隶属税务处的谕旨颁布了。海关洋员一片惶惑，英、法对这一改变反应强烈。赫德对此故作冷静。《泰晤士报》表示："赫德不仅是中国政府的雇员，而且是外国债款的委托人"，因此，"他的地位不容轻易改变"。法国《时报》鼓吹列强采取"联合行动"。大部分公使支持英国可能提出的要求，也有部分公使放出将"保持中立"的消息。英国向清政府表示："你们必须信守诺言，由英国人担任税务司；你们还必须遵守《借款合同》不得对海关作任何变动。"中国回答："所有协议继续有效。海关是我们自己的事情。"赫德又对金登干说："无论我的气数是否已尽，外籍税务司制度已经进入了转变时期。"不过，他还是在私下里向洋员们讲："一切如前办理。"他安抚他们："那道把海关事务和海关人员置于他们手中的谕旨，仅仅在于我除了向外务部汇报工作以外，还必须再向他们（指税务处）汇报。或许在一些事情上，不向外务部而向他们汇报。但其他一如既往。"果然，海关一切概如既往。清政府中的革新派的"变法自强"，对海关的革新也到此为止。不过，1906 年成立的邮传部终于在 1911 年接管了原由海关代办的邮政。海关控制的同文馆于 1902 年改称译学馆，移交京师大学堂。

九 北洋政府时期：安格联
坐上了总税务司宝座

　　1911 年的辛亥革命，具有伟大的历史意义，但它并没有完成反帝反封建的任务。在革命爆发前几年，赫德已年届古稀。他本准备让他的妻弟裴式楷接他的班，并早在 1898 年就设置副总税务司一职，由裴式楷担任这个重要职务。1908 年赫德病假回英时，奏请清政府任命裴式楷代理总税务司。但裴式楷这时已 60 多岁。他原为英国军医，1873 年进入中国海关，曾任多处口岸的税务司，虽长期在海关工作，但人望不高。英国政府没有听从赫德的这个安排，通过它的驻华公使，示意清政府在 1910 年 3 月，改任安格联（F. A. Aglen）为副总税务司，署理总税务司。

　　安格联也是英国人。他于 1888 年 19 岁时进入中国海关，担任四等帮办。他是赫德青少年时同窗好友的儿子，因此受到赫德的特别关照，1896 年就被提拔担任北方最大口岸天津海关的代理税务司。1899 年，又被赫德派往初设的金陵关任税务司。之后，又先后担任上海海关税务司、北京总税务司署文案税务司和武汉的江汉关税务司。经过历练，安格联开始成为赫德最受重视而且最年轻的几个税务司之一。

赫德远在英国，且病入膏肓，无力改变清政府的这一任命。安格联本来也是赫德的亲信，他因而转而采取支持态度，给安格联去信祝贺，并教导他如何做好这个重要工作。1911年9月20日，赫德在英国病故。清政府即升补安格联为总税务司。

安格联担任总税务司的16年，同样是中国的多事之秋，战乱频仍，经济衰颓，人民苦难，也是民主革命和反帝高潮风云激荡的重要时期。安格联为维护帝国主义在华利益和海关这个"国中之国"的特殊地位，苦心孤诣，多方谋划，使他自己成为外国侵华的又一个重要代理人。安格联控制下的海关，基本上延续了赫德所建立的制度，成为没有赫德的赫德时代。而且由于进一步侵占了税款的收支保管权，海关实际成为列强债权国在华收款和监督还债的机构，它对中国政府的影响，也主要由外交转入财政金融。海关的半殖民地性质，不但没有改变，反而深化了。

 攫夺海关税款收支保管权

辛亥革命前，海关税款虽已被用作清政府各项债、赔款的抵押，但各关税务司及其所属关员只是负责验货，开出税单，然后由商人持单向属于海关监督的银号交纳银两。税款的保管和支付，也由海关监督按清廷户部的指示办理，税务司和总税务司均无保管、支付税款之权。每年关税收入约三四千万银两，相当于清政府全年预算的 20% 左右，是一笔很大的进款。

　　辛亥革命爆发后，全国多数省区迅速响应，纷纷宣布独立、起义，清政府濒临灭亡。各帝国主义国家表面"中立"，暗中则互相勾结，企图破坏、扼杀革命。这时安格联刚刚升任总税务司，他与英国驻华公使朱尔典（J. N. Jordan）联手，分别向税务处和外务部施加压力。他们借口维护债权国利益，由安格联指示起义各省的海关扣留税款，以总税务司名义改存英商汇丰银行。接着，安格联又迫使清政府将仍在其控制下的东北、天津等处海关税款也存入汇丰银行。

　　此后，安格联又建议英国公使，促使公使团成立各国银行委员会，并提出由总税务司全权保管关税，负责偿付外债、赔款。1911 年 11 月公使团在北京开会，非法议定将中国海关全部税收置于总税务司的直接管理之下。当时以袁世凯为总理大臣的清政府，内外交困，摇摇欲坠，为取得帝国主义支持，竟不惜进一步出卖海关主权，以属"权宜之计"，由税务处通知安格联"照办"。

　　1912 年 1 月，以英国为首的"债权"国银行，组成"各国银行联合委员会"（又称"管理税收联合委员会"），推举汇丰（英）、德华（德）、道胜（俄）三家银行充任董事，并经公使团参加，拟出《总税务司代收关税代付债赔款办法》8 条。主要内容是：各关税务司每星期将税款汇交设于上海的上述三家银行总税务司账户之内，然后由总税务司按期通知拨付有关各国。公使团将此项办法照会清政府外务部并经外务部和税务处允准。这样，由总税务司保管支付税款的做法，原本为"权宜之计"，经过列强的联合干涉，而被"条约"化了。

这时中华民国临时政府已在南京成立。清帝于1912年2月12日颁布诏书宣布退位。由于袁世凯窃夺民国政权，此项办法继续执行，直至国民党在南京执政后，才作了一些改动。

根据海关统计，1911年全国关税税款约4000万银两，到1927年增加到约8000万银两。总税务司掌握了这么庞大的现金税款的收支保管权，其中绝大部分流入了外商银行。它不仅为外国资本压迫中国民族工商业开了方便之门，同时也大大加强了帝国主义对中国财政金融的控制和对内政外交的影响，并且巩固了洋人税务司在中国海关的地位。可以说，帝国主义攫夺了关税税款的收支保管权，才最终完成了对中国国门钥匙的掌握。

 控制"关余"，插手财政金融

"关余"是指海关税款扣除海关行政经费（包括驻外使领馆经费）和由关税担保的债赔款项后的余款。其中行政经费约占关税总数的15%左右。第一次世界大战期间，银价上涨，中国对外贸易发展，以银两为单位计收的关税收入也相应增多，至1916年首次出现盈余税款竟达800万两，第二年更达到1000万两。这些关税余款，本应归中国政府自由支配使用，外国无权干预。但帝国主义驻北京的外交使节，以《总税务司代收关税代付债赔款办法》对关余的处理"未作规定"为由，把支配关余的权力与税款收支保管权一起侵占。

这样，中国政府连关余也无权过问了。在出现"关余"后的 10 来年间，每年关余一般在 1000 万到 2000 万银两。北洋政府事事需要列强支持，对关余的处理不敢抗争，只能每每提出申请。这时帝国主义国家只承认仰其鼻息的北京政府为合法政府，因而当在北京的北洋政府伸手乞求关余时，得以享受部分关余作为补偿军政经费、用来发动内战和作为发行国内公债的担保。但对南方的革命政府，帝国主义者则阻挠拨付关余。

安格联不仅截夺了海关税款收支保管权，控制关余，还极力以海关为据点，侵入中国的财政金融，企图进而影响中国的政局。1914 年，袁世凯成立内国公债局，安格联担任协理和经理专员，开始染指中国内债。1920 年，北洋政府重组内国公债局，安格联充任董事。1921 年成立清理内债基金处，安格联又管理内债基金。同时，他还接管了全部常关税款和停付或推迟支付的部分庚子赔款。

安格联控制的权力和款项越来越多，据统计，经公使团同意，由安格联经手拨给北洋政府的关余共达 2.4 亿元。安格联俨然以北洋政府的"太上财政总长"自居，凭借手中把持的海关大权，特别是税款、关余、内债基金和其他各项重大款项的控制权，影响政局，阻挠孙中山领导的革命运动。在北洋政府统治的 16 年多时间中，前后更换了 13 任总统（包括临时总统、大元帅等），46 届内阁总理。凭借帝国主义力量的安格联却始终稳坐总税务司宝座。所以当时有民谣说："总统易倒，总税务司难移！"

修改进口税则与征收附加税

前面讲过关税主权被外国侵占，税率限定值百抽五，中国政府不能自行修改的过程。在税则表中反映出来的大部分商品税率，是按从价值百抽五的原则折算的从量税。然而，从量税因物价的涨落，常会偏离从价值百抽五的原则。所以不平等条约中一般都有限期（12 年或 10 年）修改税则的规定。晚清时曾两次修改税则，第一次是 1858 年，那时是因世界市场物价普遍下跌，经各国主动要求修改了税则。但物价上涨是一般规律，此后虽经清政府多次要求，各国却借故推托。辛丑条约订立后，为支付巨额赔款，在拖延了 40 多年后的 1902 年，才对进口税则作了修订。但实际税率仍连值百抽五也未达到。

北洋政府时期，海关进口税则修订了两次：第一次在 1918 年（因到 1919 年实施，故称 1919 年税则），第二次在 1922 年。第一次世界大战于 1914 年爆发，交战各方都诱使中国参战。北洋政府提出修改税则等要求作为参战条件，协约国同意接受。1918 年

1月在上海成立修改税则委员会，由中外派员参加。经过讨价还价，上海会议在以下三个问题上达成了协议：①年度标准，采用1912～1916年5年间平均物价为计税标准；②价格标准，以海关统计关册为根据；③货物分类，增加号例，使税则分类趋向细化，税额有所增加。但因第一项年度标准不够合理，计税价格与当时市价距离甚大，实际仍在值百抽五以下，新税则于1918年12月通过，经过列强的次第承认，于1919年8月施行。

列强在1918年讨论中曾允诺战后两年重行修订税则。在1921年底召开的华盛顿会议上，中国代表再次提出增征关税、实行关税自主的要求。后者虽议而不决，并无实际成果，但无疑有利于修订1919年进口税则的进行。这次修订于1922年3月至9月仍在上海进行，10月公布了新税则，1923年1月实施。1922年税则的货物分类及价格标准，大致和1919年税则相同。但采用1921年10月至1922年3月的平均货价作为年度标准，比较接近实际，使新修税率有所提高，不过总的关税水平并未超出值百抽五，仍是一部不平等的片面协定税则。

总之，自晚清至北洋政府时期，虽四次修改进口税则，但税率始终限定为值百抽五，关税不仅失去保护工农商业发展的作用，它的财政意义也十分有限。至于出口税则，自1858年修订后，70多年并未改订，税率亦受条约限制，定为值百抽五，国内有识之士虽有减免出口税的强烈要求，而历届政府为了财政收入均未采纳，致使我国丝、茶等众多传统产品在世界市场上逐渐失去竞争能力。可以说，出口税与进口税长期按同一税率征收，是中国海关主权被侵占、国门钥匙失落的又一重要标志。

1925 年 10 月在北京召开的有 13 国代表参加的关税特别会议，是民国海关史上一次重要会议。北洋政府代表在 1919 年的巴黎和会和 1921 年 11 月的华盛顿会议上，先后提出修订税则、提高税率和定期实现关税自主的议案。巴黎和会以该议案不在会议议程之内，未予讨论。华盛顿会议虽然对此加以讨论，于 1922 年 2 月通过了《九国间关于中国关税税则之条约》，但却避而不提关税自主问题，仅规定在条约生效后三个月内在中国召开一次"特别会议"，讨论修订税则和裁厘加税问题。列强知道此会对各国无利可图，特别是法国节外生枝，寻找借口，使关税会议一再推迟。直到 1925 年 10 月 26 日关税特别会议才在北京召开。参加会议的除华盛顿会议的（中、美、英、日、法、意、比、荷、葡）九国外，还有瑞典、挪威、丹麦、西班牙四国。中国代表首先提出议案，要求各国正式声明尊重中国的关税自主，在实行国定税则前，除照现行办法值百抽五外，加征临时附加税，普通品为 5%，甲种奢侈品（烟酒）为 30%，乙种奢侈品（丝毛、珠宝、电器等）为 20%。各国代表表面赞同"中国应该享有关税自主权"，但是他们要以中国必须彻底裁撤厘金为交换条件。在裁厘实现前，可按华会关税条约的规定，先对一般货物加征 2.5%，奢侈品加征 5% 的附加税。后来中国代表又提出附加税可按货品分七级征收，自 2.5% 至 27.5%。英美日对七级税率作了些修改，自 2.5% 至 22.5%。会议多次讨论，仍然没有取得一致意见。但英美日三国所提七级附加税税率，却成为 1929 年南京国民政府制定"国定税则"的基础。

由于全国人民的反对，关税会议到 1925 年 12 月即时断时续。1926 年 4 月，北洋政府执政段祺瑞下台，会议便停顿下来。几项重要议题都是议而不决，中外代表就分别声明会议结束。北洋政府耗费 130 万元巨资召开的关税特别会议，除换得帝国主义承认我国关税自主权的空话外，什么也没有得到。

关税会议结束后，广东国民政府于 1926 年 10 月 11 日首先对进出口货物征收普通品 2.5% 和奢侈品 5% 的税。为避免列强干预，不叫附加税，而称"内地税"，由广东财政部在海关附近另设机构负责征收。公使团和广州领事团声明抗议，但广东国民政府不予理睬。随着北伐军事进展，广东征收内地税的办法被推广至湖南、湖北及其他控制的省区。英美等国迫于形势，对此转而采取默认态度。这时孙传芳控制的江浙皖等和唐继尧控制的云南省也纷纷仿效广东省的办法，自行开征附加税。

北洋政府见此情况，急于采取措施，决定自 1927 年 2 月 1 日起对进口货物征收附加税，税率亦为 2.5% 和 5%，但不包括出口货物，并责成各地海关负责征收，目的是为防止各省截留，统一汇解北京。此时北洋政府大势已去，列强为了它们的在华利益，开始调整对华外交，将注意力转向南方，英国还提出了《对华新提案》，表明了支持南方政府的意图，因此，本来支持北方政府的安格联，也转而不顾北洋政府的命令，拒绝由海关代征附加税。北洋政府为挽回面子，不得不下令免除安格联的总税务司职务，由总税务司署主任秘书易纨士（A. H. F. Edwards）代理，并在海关内设"附税管理处"。

安格联被革职，虽与公开拒绝征收附加税有关，但主要还是政治因素。他的去职，不是北洋政府抛弃了他，而是他服从于英国对华政策抛弃了北洋政府。北洋政府将安格联免了职，但它并不敢得罪英国，代理总税务司易纨士还是英国人，国家大门的钥匙仍然掌握在帝国主义代理人手中。

十 国民党政府争取"关税自主"和"改革关制"的努力

国民党政府在其执政的 22 年间，对外奉行亲帝反苏和对日妥协政策，对内坚持"攘外必先安内"的反动政策。军阀混战，进攻苏区，镇压人民，以致日本占领东北，进而全面侵华，国难更加深重，经济民生更加凋敝。最后，在民族民主革命的汹涌浪潮中，国民党政府终于覆灭。

这一时期的海关，在国民党执政的最初几年，在修改税则、争取"关税自主"和建设海务港务方面是有成就的，在改革关政及查缉日本人走私方面也做了一些工作。但总税务司仍先后由英国人梅乐和与美国人李度担任，一些主要海关的税务司和高级关员的职务也继续由外籍人员把持。九一八事变特别是七七事变后，大片国土沦陷，当地海关随之被日本攫夺，成为殖民地性质的海关。日本投降后，国民党统治区的海关，继续推行为帝国主义和官僚资本主义服务的政策，国门钥匙并没有真正掌握在中国人民手中。

改订关税新约，制定进出口税则

1924 年实现的国共合作，把反帝反封建的国内革命战争推向高潮，使帝国主义及国内军阀势力遭到前所未有的打击。在这种形势面前，帝国主义者为了维护其侵华特权，一方面使用武力，增兵上海，炮击南京；另一方面从革命阵营内部寻找新的代理人。在关税问题上，英美帝国主义继续其在北洋政府时期已经玩弄过的狡诈手法，先后发表声明，承认中国"应有关税主权"。

南京国民党政府成立后，借助人民群众要求关税自主的斗争声势，把改订新约、收回关税主权、整顿海关行政作为稳固政权，扩大财政收入的重要措施，于 1928 年 6 月发表了"修约宣言"。主要内容包括：①中华民国与各国间条约之已满期的当然废除，另订新约；②尚未满期的，国民政府应即以相应手续解除重订，并规定了在废除或解除旧约的"无约时期"的临时办法。当时，美国为树立在华优势，抢先于 7 月 25 日与国民党政府签订了《整理中美两国关税关系之条约》。该条约一方面承认中国应有关税自主权，一方面又强调"最惠国待遇"。在当时条件下，后一规定实际是片面优惠待遇的翻版。

中美关税新约签订后，又相继签订了类似的中德、中挪、中比、中意、中丹、中葡、中荷、中瑞、中法、中西、中英等关税新约。由于日本的阻挠，中日关税新约延至 1930 年 5 月才签订。国民党政府在签订关税新约时，还和上述国家签订了新的通商条约。所有这些条约的共同点是，都规定了缔约国家"应与其他国家享受之待遇毫无区别"，即最惠国待遇。此外，国民党政府又准许对于各国货物所课最高的税率应与 1926 年北京关税会议所讨论及暂时议定之税率相同。

关于进口税则，自 1928 年至抗日战争爆发前，国民党政府先后公布了四部进口"国定税则"。

第一部"国定税则"，1929 年 2 月实行。税率分 7.5%、10%、12.5%、15%、17.5%、22.5%、27.5%，定为七级，这部税则是在多数国家与中国签订关税新约后，根据 1926 年北京关税会议各国议定的七级附加税率而制定的。但是国民党政府为了增加财政收入不得不采取妥协办法，仅对进口的酒、卷烟、其他奢侈品等征收 20% 以上的高税率，对进口的棉织品、砂糖、面粉、杂货等大多数商品仍然按低税率征收，平均税率仅 8.5%。这部税则制定后，曾受到日本的无理阻挠。

第二部"国定税则"，1931 年 1 月实行。这部税则是在 1930 年 5 月与日本签订《中日关税协定》的基础上，顺从日本要求而制订的。按该《协定》规定，日本享受优惠税率待遇的有棉货 33 种，鱼介海产品 12 种，杂货 17 种和麦粉多种，其中又规定仅杂货 11 种的进口税率一年后可以变动，但税率提高不得超过原税率即 1929 年税则税率 10%，对其余货物进口税率仍维持原税率三年不变。1931 年税则的税率分 12 级，

定 为 5%、7.5%、10%、12.5%、15%、20%、25%、30%、35%、40%、45%、50%。这部税则，从税级和税率看，都比 1929 年税则有较大改变，但实际上，由于受到《中日关税协定》和最惠国待遇的束缚，大部分进口重要货物的税率，仍不能像世界各主权国家那样提高税率。其他货物税率虽有所变动，平均税率也仅由原来的 8.5% 增至 15%。由此可见，1931 年的"国定税则"，仍不能真正起到保护国家生产的作用。

第三部"国定税则"是在 1930 年 5 月《中日关税协定》三年期满后公布实行的。当时各国争相树立对华贸易优势，美英两国早就对《中日关税协定》颇为反感。国民党政府也感到该《协定》要挟之害，因而在亲英美的外交支持下，制订了新税则，税率分 14 级，从 5% 至 80%，平均税率为 20%。当时，国民党政府曾宣称：这部税则与以前税则相较"虽其主旨仍侧重税收，然已渐寓保护关税之意"，这是由于"该时中日协定满期，我国修订税率不再受任何拘束"。但是根据当时情况分析，仍可看出，该税则的税率虽较以前有大幅度的提高，但主要是迎合了英美利益，从而限制了从日本进口的货物。从美日输入中国的货物品种和数量分析，在主要增税的进口货物中，日本的占多数，有棉货、人造丝、鱼介、海产、纸、煤等，而美国棉货、鱼介海产品几乎无货输入中国。对主要减税的进口货物，日本的却占少数，英国的占较多，而美国的占最多，可见这部税则对日本进口货物起到了一定的限制作用，而对美英货物进口则起到了鼓励作用。该税则实行后，日本坚决反对，不肯按新税率纳税，并在东北、华北、台湾、福建沿海进行大规模走私。在日本施加压力的情况下，国民党政府不得不对实行仅一年的税则又重加修订。

第四部"国定税则"公布实行于 1934 年 7 月。税率最低与最高者仍为 5% 及 80%，平均税率为 25%。对于棉布、鱼介海产品等税率调低，对于棉花、汽油、煤、金属及其制品、食品、染料、木材等税率提高。这部税则的税率增减方向恰与 1933 年税则税率相反，对日本有利，对美英国家不利。日本由抗议变为满意，但这时日本已进行大规模走私，以彻底破坏中国关税主权。

国民党政府修订的几部进口税则，打破了"值百抽五"的限额，关税收入有所增加，但并没有真正起到防止外国商品倾销和保护本国生产的作用。对 1934 年税则，当时曾有评论指出，"海关新税则与其说是为了保护国内产业，不如说是为了财政收入，但与其说是为财政收入，则又不如说是应外交的要求以奖励某国货物的输入"。

关于出口税则，自鸦片战争后，我国海关税则都是进口、出口分别制订的。第一部出口税则，制订于 1843 年，它和进口税则一样受南京条约和 1843 年中英通商章程的限制，第二部出口税则制订于 1858 年中英通商章程善后条约之后，税率均限制在值百抽五。后一税则执行 70 余年，直到国民党政府时才进行修改。

第三部出口税则实行于 1931 年 6 月。税率规定：从量部分仍按物价值百抽五，从价部分值百抽 7.5。对于茶、绸缎、漆器、发网，草帽等 34 项货物规定免税，以后又对丝及丝织品、米谷小麦、杂粮等免税。自此以后，海关仅对运往国外的货物征收出口税，而对运往国内另一通商口岸的货物不再征收出口税。第四部出口税则于 1934 年实行，税率未变。但减税和免税货物项目比以前增多。税率减低者有蛋品、豆类、花生、花生油、烟叶等 35 项。新增免税品有糖、酒、小麦粉、杂粮粉等 44 项。以上修订的两部出口税则，除减免税货物有所增加外，大多数货物仍照旧征收出口税。其目的在于弥补财政收入。

国民党政府所作的"关税改革"，曾停征和取消了一部分关税税种，但又以不同名义增加了一部分税种。

停征和取消的有：复进口税、子口税，均于 1931 年 1 月取消。常关税和厘金，50 里外常关与 50 里内常关于 1931 年 1 月至 6 月分别裁撤，各地厘金局也裁撤，常关税与厘金随之取消。

以不同名义增加的有：转口税，从 1931 年 6 月起，施行新出口税则后，所有本国货物从一通商口岸由轮船运至另一通商口岸而在国内消费者，不征出口税，改征转口税，税率仍照 1858 年原出口税税率 5%征收。另外还开征了救灾附加税和关税附加税。一些地方性捐税也由海关代征。

关于关税保管，在北洋政府时期，所有关税集中存放于上海汇丰、德华、道胜三家银行，作为偿付到期债赔款本息之用。国民党政府上台后，为维护其财政利益，作了一些改变。1929 年 2 月实行"国定税则"后，即将所收款分为两部分处理：对按旧条约规定所收值百抽五的旧税部分，用来拨付债赔各款，由各关汇交上海汇丰银行（此时德华、道胜二银行已倒闭），按期拨存各债赔款经理银行。对新增关税及附税部分，不作为外债赔款的担保，则由各关汇存上海中央银行，听候处理。以上办法实行不久，由于政治经济不稳定，金贵银贱，以致所收 5% 的旧税收入不足以抵付以旧税为担保的外债赔款，不得不常用新增关税收入部分予以抵补，并于 1932 年 3 月改变旧法，所有各关全部税收一律先汇交上海中央银行收存，然后将偿付到期外债赔款所需的数额，按期拨付汇丰银行保管。直至 1943 年才全部由中央银行经管。

 ② 关制改革的情况

国民党政府除整理关税外，还对海关行政进行整顿。1927 年 10 月，在财政部之下设关务署，宣布一切海关事务，均由关务署领导，派张福运为首任署长。但依然保留了洋税务司把持中国关政的旧制，继续任命英国人梅乐和为海关总税务司。

梅乐和（F. A. Maze），赫德的外甥，于 1891 年进入中国海关。1928 年 12 月易纨士辞职后，梅乐和以江海关税务司升为副总税务司，1929 年 1 月被任命为总税务司。同月，总税务司署由北京迁往上海。

　　梅乐和上任之初，曾拟定"关制改革"办法，所谓关制改革，并非是对海关管理制度的全面改革，只是对当时商民和海关华员中呼声最高的华员受歧视和不公平的待遇做了一些调整。1929年，关务署宣布：今后除特别技术人员外，海关不再募用洋人；今后华洋人员在定级、晋升中，原则上享有同等机会，同时，还制定了华洋人员休假、退休、薪金等各项福利措施。"改善关制"办法的公布，缓解了社会上和海关内部华洋待遇不公的矛盾；出现了洋员人数逐年递减，华员人数上升的趋势。但海关华员升任海关要职的事例，直到抗战爆发后才开始明显增多。同时，海关总税务司署对内部机构进行了一些调整，如1928年海政局改为海务科，下设巡工股、港务股、灯塔股和海务运输股、工程股。1931年2月，为加强缉私工作增设缉私科。

　　1929年，资本主义世界经济危机席卷全球，金贵银贱，国民党政府为维持关税收入，不致因银价跌落而影响偿付以金价折算的外债赔款，于1930年2月起采用海关金单位即关金单位，作为征收关税的依据。关金单位是一种虚拟货币，有一定含金量，与银元银两折算有一定比率。商人纳税时，按海关总税务司提前公布的折合率交纳银两。1931年5月，中央银行又发行关金券，供缴纳关税之用，1933年3月废两改元，新铸银币含纯银88%，100海关两合155.8元，习用90年的海关两，到这时废除了。

十一 抗战前后中国
海关的命运

 ## 日本劫夺东北海关，推动
武装走私活动

日本帝国主义早有侵略和灭亡中国的野心，于
1931年9月18日悍然以武力进攻中国东北地区。由于
国民党政府妥协退让，日本帝国主义迅速侵占了辽宁、
吉林、黑龙江三省。

鸦片战争后，中国海关大权旁落，一直被以英帝
国主义为首的几个帝国主义国家所把持，日本早想染
指。九一八事变后，日本帝国主义在东北沦陷区建立
了伪满洲国。他们先后赶走国民党委派的海关监督和
洋税务司，劫夺了哈尔滨、牛庄（营口）、安东、瑷珲
（黑河）、大连、龙井（延吉）、沈阳等7个海关及10
多个分支关。当时（1931）东北各关关税收入共4000
万元，占全国关税的15%。日本随后即改东北各关为
伪满税关。

之后，沦陷区海关建立了有利于日本的海关行政

业务制度。各伪关负责人均由日本人充当，一般关员亦十之八九易用日本人。1932年6月伪满傀儡政府财政部发表"关税自主并独立宣言"，9月伪满政府又宣称"海关独立"，1935年2月更与日本帝国主义签订了"特惠关税协定"，多次修订东北海关税率，大量减免日货进口税率，最高仅为10%，实际上大部分日货都无税进口。东北成为日本对中国倾销"过剩"商品，掠夺原料和财富的中心。据统计，1930年日本输入东北的货物，占输入额的37%，1935年增至71%。日本和伪满政府从1932年起在山海关和长城一带，遍设"税关"，非法征收高税。如丝、茶、瓷器征100%～200%，一般土货也征40%，抵制华北和内地货物进入东北。东北各关已完全沦陷为殖民地性质的海关。

日本侵占东北三省只是灭亡中国的第一步，继之而起的是对关内地区的经济侵略，特别是对冀东、华北地区发动的大规模的武装走私。日本帝国主义的走私活动，在1932～1937年出现了持续性的高潮，无论从走私的形式、规模、持续的时间还是给中国经济带来的巨大损害而言，都为近代各国所罕见。

1933年初，日本关东军侵占热河、察哈尔省以及河北东部地区。同年5月，国民党政府与日本签订《塘沽协定》，不仅承认日本侵占东北三省为"合法"，并且把冀东沿海25县划为非武装地区，事实上这一地区已成为日本帝国主义的占领区，同时也成为从东北贩运日本私货通向华北的一个跳板。1935年11月，汉奸殷汝耕在日本关东军操纵下，成立了"冀东防共自治政府"。伪政权改订海关制度，规定对走私物品征收约等于原进口税 1/4 的"查验税率"后，即可放行，使之披上"合法"外衣。走私贸易的公开化，导致大连营口等地日本私货大量涌入冀东，并由日本指挥的运输公司负责起卸，运至车站，再任意运往天津，转往各地销售。冀东走私除海路外，还有陆路。日本帝国主义利用北宁铁路，对东北走私商贩运进的私货，先在山海关前站——万家屯站将货卸下，然后雇用"民伕"运至山海关车站，批售给小商贩经北宁路南下运至天津车站，再派人护送私货到日租界，转销各地。

1934 年 7 月后，国外银价回升高出国内价格，于是白银开始大量外流。同年 10 月，国民党政府为阻止白银外流，开始征收白银出口税和平衡税。日本便进一步从海陆两线大规模地走私出口白银。大量白银走私使日本在国际市场上获得高额利益。据日本人的统计资料，自 1934 年 10 月至 1935 年 8 月，从中国走私外流银元达 3000 万两，数目之大，令人震惊。

除白银走私外，日本对中国的商品走私，自 1934 年起开始加剧，1933 年颁布的中国海关进口税则，提高了从日本进口主要商品的进口税，日本的对华贸易额锐减。随着塘沽、何梅协定的签订，冀东伪政权的成立，日本对中国特别是对华北的走私就变得越来越猖獗了。在 1934 年以前多为高税率物品，如人造丝、白糖、卷烟纸、布匹等类，到 1935 年下半年，由于日本政府和军方公开支持和庇护，私货种类愈来愈多，由人造丝、白糖扩展到其他日常物品如煤油、颜料、铁丝、药品、牛奶、罐头食品、化妆品、雨衣、洋钉以及面粉等，几乎无物不私。据有关材料估算，从 1932 年到 1937 年上半年，日本对华北的走私额逐年有增无减：1932 年 1300 万元，1933 年 2400 万元，1934 年 3600 万元，1935 年 1 亿元，1936 年达 1.4 亿元，1937 年上半年 6500 万元，总计达 3.8 亿元。

除华北走私外，日本还以大连、天津为据点，向华中及东南沿海地区销售私货。同时以台湾为基地，向福州、厦门以至广州、汕头各地进行大规模走私。根据当时报刊资料和海关统计，1935 年和 1936 年两年，全国走私货物估值每年都在 3 亿元以上，分别占当年进口总额（10 亿元左右）的 1/3，其中绝大部分为日伪走私货物。

走私的规模和形式也由于受到日本驻华军事及外交机构的公然庇护，而变得有恃无恐，日益猖獗，走私由地下转为公开，又发展到有组织的武装走私。走私者常组成一二百人的队伍，或自带武器，或陆上由日本骑兵护送，海上由日军舰队护航。遇有中国海关官员检查，便以武力抵抗。当时海关缉私人员被殴打、遭枪击的事件屡有发生。

面对日本政府对走私活动的公开支持、庇护及走私活动对国民党统治区经济造成的巨大破坏，国民党政府及海关当局不得不采取一些防范和查缉措施。1934 年 6 月，国民党政府颁布了《海关缉私条例》，对走私行为的构成、海关查缉办法和各项罚则作了规定。不久，成立了海关罚则评议会。1936 年又先后颁布《惩治偷漏关税暂行条例》（属特种刑法）和防止路运走私办法及施行细则等法则。1931 年海关总税务司署成立缉私科（后改名查缉科），又组建海关缉私舰队，到 1934 年底，已有主力巡缉舰 26 艘，100 尺以下的巡缉艇 40 余艘，加强了海上缉私力量。同时，又加强了陆地缉私。1936 年，海关成立了"海关防止陆运走私总稽查处"和一批稽查站，许多海关建立了关警队。

由于全国人民坚决反对日伪走私和海关中爱国关员的查缉、斗争，国民党政府和海关当局的措施，在上海和东南沿海地区收到了一定效果，但在华北一带地区，海关缉私措施实际上无法执行。1935 年海关被迫放弃长城一带的缉私。同年 9 月，日军又强迫海关放弃华北地区的海上缉私。海关关员接连遭到日本走私分子的无理刁难和殴打、凌辱，加上海关当局执行英美的对日妥协政策，不敢坚持缉私，以及中国一些地方官员与走私者狼狈为奸，所以走私活动日益加剧。

如上所述，日本帝国主义对中国进行的大规模走私，是配合其军事、经济、政治侵略企图灭亡中国的一项重要措施，后果极为严重，主要体现在两方面。

第一，日货充斥华北，遍及内地市场，使中国民族工商业受到灾难性打击，人民生活更加贫困。据报刊资料，1936 年 1 月，天津人造丝每百磅市价 160 元，私货仅卖 100 元，白糖每百斤市价 22 元，私货仅卖 15 元。日本私货在华北市场充斥后，进一步向华中、华南扩展销路，中国民族工商业无法与私货竞争，纷纷倒闭或停产转业。随之而来的是失业人口增多，广大农民生活状况也愈加恶化。

第二，严重影响了国民党政府的财政收入。国民党政府财政收入历来主要依靠关税、盐税、统税三种税收，而关税收入又居首位。据统计，1932～1934年，华北五省的关税收入每年平均在 7000 万元左右，1935年 8 月至 1936 年 6 月的 10 个月中，仅天津海关就损失关税收入 3300 万元，在走私高潮时，1936 年 4 月和 5月，每月损失达 800 万元。华北因走私而导致 1936 年全年关税收入减少和损失在 5000 万元以上，全国关税损失约 1 亿元。

日本对中国的大规模走私，不仅严重破坏了中国的经济，加剧了中国人民与日本帝国主义间的民族矛盾，也使日本与英美各国的矛盾复杂化，严重威胁到各帝国主义国家的在华利益，从而使日本陷入孤立的地位。

国统区海关的困顿，美国人李度任总税务司

1937 年 7 月，日本帝国主义发动了全面的侵华战争。短短数月，北平、天津、上海、南京等大城市相继沦陷。其后，内地及沿海一些重要城市，也先后落入日本人之手，海关业务及税收受到严重打击，沿海（江）各口岸的灯塔等助航设备被破坏殆尽。在中国大陆，出现了除解放区海关外又同时并存的国民党统治

区海关和沦陷区海关。这一时期的国统区海关，人事安排、设关地点及征税等业务有了一些更动，采取了若干适应战争需要的改进措施。

这里先说国统区海关。

海关行政：上海、南京沦陷后，国民党政府仓皇撤往武汉、重庆，梅乐和自恃总税务司的身份和特殊地位，执意留在上海，以便继续清还外债，保全英国和他自己对中国海关的控制权。1941年底太平洋战争爆发时，他被日军逮捕，设于上海租界内的海关总税务司署遂被劫夺。为对国统区内各关统一领导，国民党财政部在重庆筹建总税务司署，并调云南腾越关税务司周骊（英籍，C. H. B. Joly）代理总税务司职，直到1943年初，梅乐和获释回到重庆。

此时，英国已完全丧失在华的霸主地位，该年5月，梅乐和退休回国。总税务司一职的继任者，换为美国人李度。李度（L. K. Little），1914年进入中国海关，历任帮办、税务司等职。太平洋战争爆发时，李度任粤海关税务司，被日军逮捕，1942年春由换俘船遣送回美国。1943年8月，在重庆任代总税务司，1944年4月正式任职，直到1949年4月国民党政府覆灭时逃离上海。

第二次世界大战与中国的抗日战争，使大多数洋员卷入其中，大批洋员或被俘或回国参战，一批华员开始主持关务行政，并逐渐升迁至重要岗位。正是在这种环境下，国民党财政部于1943年11月任命了中国人丁贵堂为副总税务司（新中国成立后，丁贵堂任海关总署第一任副署长，1962年病逝）。

抗战期间，国统区海关急剧减少。太平洋战争爆发后，除在重庆另建总税务司署外，又增设和合并了许多海关及分支关。如1942年1月，设立了西安、兰州、洛阳、上饶和曲江（广东）五个新海关。福海关（三都澳）、北海关改为分关，蒙自、腾越两关合并为昆明关等。1944年2月设立新疆关及喀什、哈密等分支关。

抗战期间，国民党政府裁撤了海关监督公署，但保留监督，和税务司合署办公。1945年1月，财政部宣布废除清代遗留下来的海关监督制度，同时裁撤内地及江河沿岸一批分支关。

纵观抗战以来的海关行政，海关华洋官员人数比例及华员地位开始发生较明显的变化。但这些变化并未能从根本上改变海关受控于某一个或几个帝国主义国家的半殖民地性质，也未能革除推行了近90年的外籍税务司制度。

海关税收：战时海关税收锐减，财政支出却急剧增加。为筹措经费，扩充财源，海关所征各税曾多次进行调整。

进出口税：抗战期间，国民党政府对进出口贸易实施了一些临时管理措施，但征收进出口税仍以1934年税则为基础。

1939年7月，国民党政府颁行非常时期禁止进口物品办法，按1934年税则的分类及税则号列，划定168个税则号列为禁止进口物品。同年9月，又规定凡在禁止进出口物品规定之外的各进口货物，均按 1934 年进口税则税率征 1/3 的关税，以促进外贸输入，补充国内物资之需。后来又将战时紧缺的大米、汽油、柴油、医药品等列为暂时免税进口物品。自 1943 年 1 月起，进口关税不分从量从价，一律改为从价征收。

对出口货物实行结售外汇办法，指定 24 种货物为结汇出口货物，商人出口指定的结汇商品，必须将所售货价按外币折算，售与中国银行或交通银行，取得承购外汇证明书，交海关查验后方准出口；又规定一些货物为政府统购、统销货物，凡统购（销）和结汇出口的货物，一律免征关税。

转口税：1937 年 10 月，国民党政府将 1931 年以来只对往来于贸易口岸的轮运货物征收的转口税，扩大为对所有运输工具（公路、铁路、轮船、航空）往来于口岸之间、口岸与内地之间、内地之间的未纳统税、矿产税、烟酒税的所有土货，一律征收一次转口税。税率按 1931 年税则，从价征收 7.5%，从量税率约为 5%。在设有海关机构的地方由海关征收，其他地方由税局代征。已纳转口税的货物出口时，按转口税则与出口税则的差额实行多退少补。转口税是集内地税与海关税于一身的一种国内贸易税，十分接近于复进口税。转口税的征收，充裕了财政，但窒碍了国内贸易。1942 年国民党政府被迫将其废止，代之而起的是开征战时消费税。

战时消费税是 1942～1945 年间由海关征收的一种国内商业通过税。该税征收办法规定，除粮、肉、蛋等少数货物免税外，均按税率 5%、10%、15%、20% 等级征收。为征收该税，增设了不少海关和分支关，并将未设关地区的货运稽查处改为海关。战时消费税成为国民党政府的一个重要财源。1942 年，国统区海关共征税 5 亿元，其中战时消费税为 3.4 亿元，占海关税收的 68%。到 1944 年时，战时消费税竟占海关税收的 74%。该税弊端有如厘金，因而遭到商民的反对，国民党政府不得不于 1945 年 1 月将其裁废。同时扩大货物税范围，由各省税务局在工厂或产地征收。海关所征各税中，还有吨税、附加税等。

日伪走私在抗战期间并未停止，他们除了在沦陷区内进行赤裸裸的武力抢掠外，还以多种非法手段以沦陷区为据点，向国统区走私日货和私运土货出口。1938 年，日伪人员向国统区走私进口日货总值达 2 亿元，私运土货出口约 1.2 亿元。到 1941 年时，日本在各地设立的走私据点达 700 余处。太平洋战争爆发后，日本更变本加厉，进行走私活动。

由于抗战期间的外汇管制及通货膨胀政策，法币与美元兑换率的官价与黑市价格出现巨大差额。日本在 1939～1941 年间，从华北、华中集中了大量法币运往上海，套取官价外汇基金。国民党四大家族也利用战争的特殊环境，将兑换官价外汇的大权由中央"四行"（中央、中国、交通、中国农民银行）独揽，从中渔利。

面对日伪走私，海关无力应付。战前装备齐整、规模可观的海关缉私舰艇，先后被日军击沉、击伤和劫持。设于南京的防止陆运走私总缉查处，迁至汉口、长沙，于 1938 年 10 月关闭。海关仅能在所在地进行检查工作。1940 年，国民党财政部在广东、广西、湘鄂、苏皖赣、闽浙、冀鲁豫、晋陕、甘宁绥等八处设立战区货运稽查处（海关办理税务部分），以防日伪走私。后来稽查处业务全部移交海关。1942 年国民党政府又成立了缉私署，统管缉私工作。战时无论海关还是财政部缉私署，在缉私工作上，虽有所努力但均无明显的作为，一些官员甚至收受贿赂，暗助走私。

3 沦陷区海关的殖民地化

由于海关无论在关员的国籍组成，还是所执行的各项业务，都与各帝国主义国家的在华利益联系在一起，故当华北、长江沿线各城市沦陷之初，海关便成为沦陷区内唯一存在的名义上的中国政府机构。日本在完成了对沦陷区的军事占领后，立即把矛头对准沦陷区海关，首先提出将天津、秦皇岛二关的海关税款存入日本的正金银行，否则将对海关实行军事占领。天津海关英籍税务司梅维亮与总税务司梅乐和，为保全各帝国主义的利益和英国对海关的控制权，以日本保证拨付外债各款为由，极力劝说国民党政府妥协。国民党政府在保证对外赔款的前提下妥协，同意将津、秦二关的税款存入"殷实可靠的银行"。梅维亮立即将税款存入日本正金银行。

接着，日军占领上海，同样提出仿照津、秦二关前例，将江海关税款存入日本银行。英国并同日本多次进行谈判。1938年5月2日在东京非法签订了《关于中国海关的协定》，其中规定沦陷区海关过去积存和以后征收的税款全部存入日本正金银行；从税款中按比例拨付外债赔款包括对日本的庚子赔款。协定公布次日，梅乐和即令江海关税务司将新征税款存入日本正金银行。日本以过去积存税款未移交和对日庚子赔款未照付为由，全部扣留了海关税款，用这笔款维持敌伪政权和补充日本的军费。

日本帝国主义在争夺沦陷区税款管理权的同时，派伪海关监督修改税则。当时海关统一实行的是1934年税则，这一税则较1931年税则的税率稍高。于是天津伪海关以对日本进口最为有利的1931年税则为蓝本，首先在低税率下实行减免税修改。到1938年1月伪税则正式出笼，并在青岛关以北各沦陷区海关实施。伪税则的实施，便利了日本帝国主义倾销日货，搜刮中国原料，大大影响了国民党政府的税收。商人自低税的沦陷区进口货物，贩运走私到国统区倾销，套取法币，给国统区经济和财政带来极大破坏。

日本对沦陷区海关管理权的劫夺，大略可以1941年底的太平洋战争为界分为两个阶段。前期，日本惧于与海关相连的特殊的国际关系，实行以华治华的政策，即一方面委派亲日的伪海关监督，插手海关行政，对原海关税务司进行威胁恫吓，强迫他们执行各种亲日政策，出卖中国主权，实现对海关的间接统治；另一方面不断向海关安插日籍人员占据重要职位，把海关逐渐变成日本人的海关，把名义上仍隶属于中国政府的海关，变为日本人统治中国的工具。1937 年 8 月，日本首先控制天津、秦皇岛二关，任命汉奸为"津海关监督"，派一代表驻秦皇岛海关，挂起了伪政权五色旗。在上海，也由伪政权任命了"江海关监督"。日军镇压了群众性的爱国护关运动，强行在江海关挂起伪旗，把江海关变为与津海关相同的日伪海关。接着日本有计划地强行向海关安插日本人。抗战爆发前，全国各口岸日籍关员共 75 人，其中内勤 14 人，外勤 61 人，到 1938 年底，日籍人员达 266 人，占全部海关外籍人员的 45%。日本还准备在长江、珠江三角洲包括汉口和广州在内的各口岸，安插更多的日本人，开放这些口岸为日本服务。

太平洋战争爆发后，国际局势及国际关系都发生了剧烈变化。日军借此占领上海租界、上海海关和海关总税务司署，逮捕了总税务司梅乐和和几乎所有的沦陷区各关外籍税务司及高级关员。派日本人岸本广吉任沦陷区海关总税务司，各沦陷区海关税务司及其他要职，也均由日本人担任，使沦陷区海关变成完全殖民地化的海关。1942 年后，伪总税务司署还在南京、芜湖、武汉等长江沿岸一些口岸成立转口税局（所），开征转口税。

 4 战后海关和美货倾销

1945 年 8 月，日本帝国主义宣布无条件投降，抗日战争终于取得胜利。战后，美国经济已居世界领先地位，更加紧了海外掠夺。国民党政府则出于政治统治的目的，更加投靠美国，形成了美蒋紧密勾结，美帝独霸中国的局面。由美国人李度担任总税务司的海关当局，一方面在关税减让等方面，使美国得到最大利益；另一方面，积极帮助国民党进行反共、反人民活动。

对国民党财政部来说，接收沦陷区海关成为当务之急。9月，丁贵堂以副总税务司身份被任命为京沪区金融特派员，赴上海接收伪海关总税务司署及伪江海关。不久，重庆总税务司署迁移上海，1946年1月，以总税务司署驻上海办事处之名开始对外办公，原重庆总税务司署则改为总税务司署驻重庆办事处，到该年8月关闭。

李度还奉命派出一批海关高级官员，分赴东北、广东、长江各口岸接收汉口、南京、广州、台南、台北等20多个海关及其下属的海务港务部门。

战后初期，国民党地区海关取消了进口货减税办法，恢复使用1934年进口税则。1946年，海关宣布废止海关金本位制，9月停征出口税。1948年8月，国民党进行币制改革，海关税又改按新发行的金圆券计征。1949年3月，海关又实行"关元"制度（1关元合0.4美元）。无论以何种流通货币计征关税，最终都是以美元核算。在当时国民党货币急剧贬值，美元价值暴涨的情况下，美国商人从中捞到了极大的好处。

1948年8月，国民党政府颁布了有利于美国的1948年协定税则。该税则的税率由单栏改为双栏，增加的一栏是由国民党海关代表在日内瓦出席"关税与贸易总协定"减税谈判时签署，并于 1948 年 5 月生效的减让关税的税率。这栏税率，适用于所有关贸总协定成员国及当时与我国订有最惠国条款的国家。在全部减让表内的 188 号列物品中，美国独占 80 项。美国给中国实行减让的商品，主要为美国国内急需的廉价的中国原料，而中国给美国实行减让的项目，主要为食品、饮料、奢侈品、消耗品。美国冰箱进口税由150% 减到 25%，其他商品减少 1/2 到 2/3 不等。如此关税减让，给民族工业带来的致命打击是可想而知的。这项关税减让协定虽在形式上是互惠性的，但当时中国经济十分落后，又经 8 年战争破坏，没有任何出口竞争能力，1948 年税则实际上成为给美国以片面优惠待遇的税则。

　　1945 年 11 月，战后第一艘美国商轮抵达上海，由此拉开了美国对华商品倾销的序幕。从此，美国货船源源不断地开到中国。1946 年 11 月，国民党政府与美国在南京签署了《中美商约》（即中美友好通商航海条约），这是一个在经商、设厂、开矿、金融、航运以至科研、教育等方面，全面出卖中国主权的条约。《中美商约》使美国可以在中国境内为所欲为地进行掠夺，更为美货倾销打开了大门，而中国则在经济上成为美国的附庸。

　　美货倾销由于得到国民党政府的支持，因而披上各种合法的外衣。而美军利用飞机、军舰和外交特权进行的走私，更是有恃无恐。国民党军政要员凭借特权公开走私，规模和数量均达到空前程度。海关关员贪污受贿暗助和公开参与走私的事件，也是屡见不鲜。美货走私，加剧了国民党统治区经济的崩溃和统治的危机，使民族工商业受到极大的摧残，纷纷破产停业。

战后的海关缉私部门曾向美国海军购置 21 艘 100 英尺以上的巡缉舰及 100 余艘汽艇，接收了财政部缉私署的税警部队，又招募组成了 1700 多人的武装关警协助查私。

对内地十分猖獗的武装走私，国民党政府于 1948 年 3 月 11 日曾公布《惩治走私条例》，规定走私和武装拒捕将以触犯刑法治罪，最重者将处以死刑。但此条例未能制止走私，也未能帮助国民党政府稳定经济秩序，实际上成了空文。

当时的海关，继续执行四大家族垄断外贸的反动政策，发布封锁解放区的种种反动法令，密令海关舰船为反动派运输军火、金银、文物，压制海关员工的革命活动，积极为国民党政府发动反革命内战服务。但这一切都阻挡不了反动派覆灭的命运。随着人民革命运动的伟大胜利，国民党统治区海关陆续解放，最后一任洋人总税务司李度于 1949 年 4 月仓皇逃离上海，宣告了半殖民地海关制度的彻底崩溃。帝国主义任意出入中国大门进行经济侵略与阴谋破坏的时代永远结束了！

 5 解放区海关的建立和发展

解放区海关的由来 苏区的对外贸易和边境税关。

1931年11月，在第三次反"围剿"胜利后，在江西瑞金召开了中华苏维埃第一次全国代表大会，成立中央工农民主政府，选举毛泽东为政府主席，从此，中国有了两种性质完全不同的政权。

随着革命根据地的建立和发展，如何打破敌人的经济封锁，开展对外贸易，始终是苏区党和政府的一项重要任务。早在井冈山斗争时期，边界工农兵政府即已开始和白区进行贸易活动。1930年赣东北苏区建立了对外贸易处。之后在闽西根据地和湘赣苏区也成立了类似机构。1931年冬中央工农民主政府成立后，在中央政府和各苏区（省、县）先后成立对外贸易局、分局、采办处，开始更有组织地开展对外贸易工作。

毛泽东在领导革命战争的同时，以极大的注意力领导根据地的经济、文化建设。他多次指出：粉碎敌人的经济封锁，夺取革命战争的胜利，必须发展生产，"有计划地组织人民的对外贸易，并且由国家直接经营若干项必要的商品流通"。

在1931年冬苏区中央政府成立前，赣东北、湘鄂赣等苏区的施政纲领中即已有"废除不平等条约，收回海关"等规定。中央工农政府成立时更在《宪法大纲》中明确规定要将帝国主义手中的海关"收归国有"。苏区的边境税关，就是在这一政策思想指导下，独立自主地建立起来的。1930年在赣东北苏区和对外贸易处同时建立的"船舶检查处"（又称"边卡"，设于江西信江北岸），负责检查出入境的船舶、货物，征收关税，大概是苏区最早建立的海关机构。以后中央苏区和其他一些苏区也建立了类似机构，有"边境税关"、"关税处"等不同的名称。如1933年前后，中央苏区设的关税处就有茅店（靠近赣州）、信丰、良口、筠门岭等17处。

边境税关的首要任务是严格执行进出口管理制度。鸦片毒品一律禁止进入苏区。对于粮食，各苏区根据生产情况决定是否输出。

进出境的货物及有关人员，均须向海关机构报告，接受查验，"缴清税款，取得进出口或通过凭单后，始得过关。如私自前行过关或弯路避免过税（付税）者，查出将货全部没收。没收来的货物，由关税处拍卖变价归公"（据1933年中央财政部颁行的《关税征收细则》）。

严格控制现金出口，也是苏区海关机构的一项任务。当时规定现金20元以上出口必须事先向区以上政府申请，取得财政部门的出口许可证，经海关机构和政治保卫队、边境政府切实检查相符后方予放行。

对于走私或违反进出境制度而被海关扣留没收的货物，拍卖所得的货款"得取出五分之一至二分之一赏给报告人"。

关税是苏维埃政权财政收入的重要来源，也是调节赤白区之间商品的输出和输入，反对敌人经济封锁，保护根据地独立自主发展的重要武器。毛泽东1934年1月在第二次全国苏维埃代表大会上的报告中曾指出："关税是以按照苏区的需要程度统制货物的进出口为目的，因此税率有完全免征的，有高至百分之百的"，

"一切货物在边境税关纳税之后通告全苏区，无第二次之征税，一扫国民党厘金关卡层层抽剥的虐政"。

由于战争和生产情况经常变动，各苏区、各时期的关税税率也随之常有变动。赣东北苏区 1930 年成立的船舶检查处的税率很低，一般是 3% ~ 5%，粮食免税。中央苏区 1933 年前后执行的税则，出口税率较重，一般为 10%。进口税率较轻，盐、布、药材、办公用品等为 2% ~ 3% 或免税，但化妆品、迷信品则收 50% ~ 100% 的高税。

《关税征收细则》规定："关税处遇货经过，即派人前往检查，检查后再照税率计算税款。税款如数缴清后，再发给进口出口或通过凭单。""关税只征收一次，凡持有进口出口或通过凭单者，经过其他税关，不再征税。""运货人报关以多报少者，照原税额加一倍到五倍处罚，罚款归公。"《关税征收细则》还规定："各征收人员，除照税率征收外，不得额外勒索，借故留难。如查有此等舞弊及贪污情事者，撤职查办。"

关税收入有重要的财政意义。如赣东北苏区的边卡，每天关税收入一般是 3000 元。茅店关税处一天最多收 2000 元，一月能收一两万元。和当时物价对比，如猪肉一角多一斤，稻谷一元左右一担，这是一笔相当大的收入。

总的来说，苏区海关机构对进出境事务的管理，带有强烈的军事色彩，它的工作首先是服从革命战争的需要，其次才是经济方面的要求。

抗日战争时期的解放区海关 抗日战争爆发后，

工农红军改编为八路军、新四军，在中国共产党领导下，开赴前线，深入敌后，先后创建了 19 个抗日民主根据地——解放区。各解放区遵照党中央提出的"发展经济，保障供给"这一财经工作的总方针，实行发展农工商业的关税政策和货币政策，实行禁止一切奢侈品及非必需品输入和内部必需品输出，奖励必需品输入与内部多余物资输出的对外贸易管制政策和保护关税政策。以土地革命时期苏区海关制度为基础，各解放区的海关工作，在新的历史条件下逐步得到发展。

抗战 8 年，解放区海关工作是在艰苦、持久和极端复杂的情况下进行的。为适应战争环境和"精兵简政"的要求，县以上的海关工作一般由税务局或贸易局管理，不另设专职海关机构。边境则设有税务所、检查站等不同名称的机构，执行类似海关的各项工作。当时的"进出境"（进出口），主要指和日伪占领区间的活动，中后期也包括和国民党统治区间的贸易活动。

以下分别概述各解放区的海关情况。

陕甘宁边区：在党中央直接领导下，边区不断战胜日本帝国主义和国民党政府的封锁，经济有了很大发展。1940 年以后国民党政府加紧了对边区的封锁，边区政府针锋相对，逐步加强对出入口贸易的管理。

为了保护边区经济、战胜经济封锁，边区政府坚决采取保护关税政策，严格查缉走私。自 1943 年起，对一切非必需品一律禁止入境，对半必需品则采取活动税率办法，属边区需要的半必需品采取 10% 较低税率，否则，将税率提高到 20% ~ 40%。对军用品或有关社会福利建设必需品，不论入境或过境，均减税或免税。打击走私由公安局负责，除建立专门的缉私队外，还发动群众缉私。

边区政府还根据发展生产和改善人民生活的需要，及时调整进出口税税率。如为了保护"大生产运动"后纺织业的发展，在 1944 年将纺织品所用棉花、棉纱的进口税率减为 1%，而布匹的税率则为 60%。

晋察冀边区：1938 年 1 月边区政府成立后，开始建立贸易、税务机构，颁布征收出入境税条例，并开始设立边境临时关卡，"对必需品输入、非必需品输出，一律免税，对必需品输出，非必需品输入，课以重税"。

1940 年 8 月，边区政府颁布了《施政纲领》，规定："严格管理对外贸易，禁止必需品出境及非必需品入境"和"征收出入口税"，各项管理办法和进出境管理亦随之逐步健全起来。当时对重要物资的管制是十分严格的。如奸商私运粮食资敌在二石以上者要处死刑。1945 年 4 月发布的《晋察冀边区贸易稽征管理办法》，共分七章三十条，对进出口贸易和检查、征税等事务作了全面、系统规定，实行对外贸易管制，对内贸易自由的政策。该办法规定：进出口货物均分为三类，禁止进出口、征税进出口、自由进出口。凡应税货物，无论公私经营，均应报税，交付边区货币，领取票照。在全边区内关税均只征收一次。一切进出口货物均须经过查验，并发动群众严密封锁与缉私。

边区政府副主席胡仁奎以及在边区从事过海关工

作的徐国英，在新中国建立后曾任海关总署副署长。

晋冀鲁豫边区：晋冀鲁豫边区分为太行、太岳、冀南、冀鲁豫四个行署区。自 1938 年开始，首先在晋东南的太行区，以后又在其他各区、县先后建立贸易、税务部门，开展对敌经济斗争。

1941 年 7 月，边区政府及其经济机构——边区工商总局成立后，统一和加强了贸易税收工作及进出境事务管理。边区《施政纲领》规定：必须"加强对敌经济斗争，力求根据地物质资源自给自足，打破敌人的经济封锁"，"发展对外贸易"，"在晋冀鲁豫边区内只收一次出入税"。同年颁布法令，健全税收和贸易组织，贯彻了"对内自由，对外统制"的贸易政策，开始施行统一的关税保护税制，严格统制粮棉出口，奖励土货输出。对军需交通医药用品的入境予以免税和减税，对非必需品及奢侈品则征高税或限制输入。

与此同时，在平原地区发动了以反对敌人掠夺（特别是粮食）和抵制敌货为主的反资敌斗争。在山区则划定了对敌封锁地带，统一管理货物出入口，实行以货换货，有出口才有入口的办法。组织了税务和人民的缉私队，查禁走私贩卖、违法进出境等事宜，收到了很好的效果。边区管理进出境事务的机构，为边区工商管理总局。该局副局长林海云、科（处）长朱剑白曾先后在新中国海关担任海关总署署长、副署长。

晋绥边区：晋绥边区包括晋西北、晋西南、绥东、绥南等部分，是华北敌后三大抗日根据地之一。1940年建立了经济总局，发布《税务稽征暂行条例》，决定征收货物出入境税和过境税，征税原则和晋察冀、晋冀鲁豫二区大致相同，1944 年后加强了税务组织，边区设税务总局，专区设税务分局，县设税务局，乡镇设税卡。征税工作得到改进，边区税收也逐年增加，总计自 1940 年至 1946 年，入境税占总税收 40%，出境税占总税收 17%。

山东抗日根据地：山东抗日根据地包括胶东、渤海、滨海、鲁中、鲁南 5 个解放区。自 1940 年开始，即在各小块根据地边缘设立税卡，归财政部门领导。1942 年设立了专职的贸易税务部门，一般合称"贸税局"，当时在贸易方面实行"易货政策"，防止敌人掠夺粮棉等重要物资，限制非必需品输入。1943 年后改设工商管理局（内有关税科、股），县局以下在沿边地区分设若干税务所和检查站，负责检查货物，防止走私和征收进出口税的工作。对外贸易由"易货贸易"改为"管制贸易"。

对进出口货物一般亦分为禁止、征税、免税等三类。如粮食禁止出口，西药、纸张、油墨等免税进口，对生油、豆油则征高税出口。税率最高为 100%。布匹本来是免税进口的，但在山东纺织业发展以后，就改为征税，后来又改为禁止进口。出入口税在财政上具有重要意义，在有些年份仅次于农业税。胶东解放区三面临海，港口较多，交通便利，海关管理除税则税率和内地边卡基本一致外，对来往于朝鲜、香港之间海运进口货物和船舶，也建立起一套填报舱口单和交验航运路簿等必要的海关作业制度。但不论检查和征税，各项制度都是适应战争环境和"政简民便"的原则，手续力求简便，税则分类也很简单。

王润生、贾振之、张超、高祚等人在山东解放区海关机构中作出了贡献。

华中抗日根据地：华中抗日根据地是 1938 年新四军东进敌后逐步发展形成的，包括苏南、苏中、苏北、淮南、淮北、皖江、鄂豫、浙东等相互联系又各自独立的 8 个战略区，虽在行政上没有统一的根据地政府，但均在中共中央华中局统一领导下，军事上由新四军军部指挥。1942 年 2 月华中局成立了财经委员会，领导全区的财经工作。各战略区管理进出境事务的机构有贸易局、税务局、货检处、货管局等，为开展对敌经济斗争，各级贸税机构都建立了税警武装。

解放战争时期的解放区海关 1945 年 8 月日本帝国主义战败投降后，为了适应国内斗争的新形势，各解放区民主政权和贸易、税务管理部门及时调整了进出境管理办法，在组织机构、工作重点、业务制度、工作方法等方面，都采取了一些新的措施。

东北解放区：1945 年 9 月，根据中共中央指示，东北各地民主政府相继建立，接管了一批伪满税关，重新组建人民海关。但因当时战争形势严峻、复杂，各地海关机构的调整、设立、撤销，变动频繁，并有税关、税卡、检查站等不同名称，有的由税务局领导，有的则属于贸易局。设立较早的有辽南海关和辽东地区的安东海关、吉林地区的延边海关。

辽南地区：日本投降后不久，东北人民政府就在靠近旅大地区的城镇和临海口岸，建立了独立自主的新的海关机构。对内称关税科（股），对外一般简称海关或税关，通称为辽南海关。当时主要任务是征收关税，支援解放战争。征税工作采取了最简化的办法，不分进口、出口或过境，不分货物品种，一律从价征收 10% 的关税。1947 年秋，辽南贸易局的关税科改为辽南税关，调整了税率，加强了缉私工作，配合部队从经济上封锁敌人。1949 年 2 月，辽南税关改为辽宁省海关，不久，迁往营口，改称营口关税局，同年 9 月划归东北海关管理局领导，改称营口海关。

辽东地区：1945 年 9 月安东解放，11 月成立了安东海关，由辽东省贸易管理局副监委柴树藩任关长。

吉林地区：1946 年 3 月，在延边地区成立了延边海关，1949 年 1 月改称延边关税局，同年 9 月改称图们海关。1949 年 11 月成立辑安海关。

黑龙江地区：成立海关较晚。1947 年后，由东北税务局管理海关业务。1949 年初成立满洲里关税局，同年 10 月组建绥芬河关税局。

旅大地区：因旅大地区当时情况比较特殊，因而机构不称海关，称大连（旅大）海口管理处，任务除监管、征税、缉私外，还管理对外贸易和港务船政。业务方面，执行适应旅大地区特点的海关法规。征收的"关税"称"关捐"，初期曾对进出口货物一律值百抽五，1946 年 12 月起修订为根据货物需要程度分别订定捐率。1950 年 2 月改称旅大海关管理处，1951 年 1 月更名为大连海关。

1947 年 2 月东北税务总局在哈尔滨成立。3 月，中共中央东北局指示，实行关税的统一管理与税收政策的统一领导，"实行一物一税制，取消各自为政的重复税卡"。海关业务重点亦随着战争形势的变化，由粉碎敌人进攻转为包围敌人占领区。1948 年初东北行政委员会颁布了《出入境关税暂行条例》。1949 年 9 月东北行政委员会在东北贸易部之下在沈阳成立了东北海关管理局，统一管理东北地区的海关机构及其业务。柴树藩、徐茂松、孙纯等人在东北解放区海关工作中著有劳绩。

山东解放区：日本投降后，山东解放区各战略区原有管理进出境事务的工商管理局，进一步调整了组织机构，加强了管理。1945 年 10 月，山东省政府发出《工商工作补充指示》，指出：工商工作仍应以对敌斗争作为主要任务，同时要注意解放区的经济建设。贸易斗争要加紧对敌占城市的经济封锁，斗争方式应从防御转入进攻。

胶东：1945 年 8 月，胶东解放区首先接管了威海、烟台两地的敌伪海关，组建新的人民海关，正式使用"海关"名称。此后，又在龙口、石岛、乳山口等海口建立了海关机构，在一些小口岸和青岛陆路沿线设立一批分支站所。与此同时，山东省和胶东行署先后公布了 20 多份有关进出境管理和征收出入口税以及税则税率的文件，由海关负责管理进出口船只，稽征关税，查禁走私。

渤海和滨海：渤海地区的沾化县下洼镇，自 1946

年初起，设立下洼海关，1948 年 8 月改为渤海海关，负责管理和蒋管区天津之间的贸易，征收出入口税。1949 年 2 月，因天津解放，渤海海关及其下属的埕子口、羊角沟、利津三个分关和一些分卡裁撤。

在滨海地区，为了包围封锁青岛之敌，1948 年在诸城县的红石崖设立红石崖海关，负责管理鲁南与青岛间的进出境事务，并在日照县的石臼所、安东卫等处设立了海关机构。1948 年 11 月，连云港解放，成立了新的连云港海关，由滨海区工商管理局领导。

烟台海关：在山东沿海众多港口和解放区海关机构中，烟台海关是最重要的一个。抗日战争时期，烟台市尚在敌伪占领之下，但民主政府已在烟台附近各县及一些较小港口组建了贸易、税务、工商管理机构，执行海关任务，开展对敌经济斗争。1945 年 8 月 24 日，烟台解放，胶东工商管理局派员接管敌伪的"东海关"，取消税务司制度，任命贾振之为第一任关长。1946 年，为了有利海关工作的集中统一领导，将威海、龙口、石岛、乳山口等海关改为分关，直属烟台海关领导。1947 年 11 月，东海关改名为烟台海关。在国民党反动派重点进攻山东的艰难岁月里，烟台海关的同志组成武装的"经济工作队"，保护边缘的检查站、税务所，查缉走私，封锁敌人。烟台市第二次解放后，仅烟台海关在 1949、1950 两年被抽调支援全国新区海关的干部就有 100 多人。

其他解放区：陕甘宁。为粉碎蒋军进攻，增加财政收入，曾对货物税征收办法作了多次修订。如 1948

年 2 月发布的《边区货物税暂行条例》，扩大了出入境货物的征税范围，并制订了级差较大的税率。

晋绥边区于 1949 年 3 月划归陕甘宁边区和华北人民政府管理。

晋察冀。边区于 1946 年 7 月发布了新的进出口贸易稽征办法，调整了关税税率，加强了群众缉私工作。纠正了日本投降后一度产生的放松出入境管理和忽视群众缉私的偏向，在边区周围建立了 3000 里以上的缉私带和一两百个"人造海关"，加强了对敌经济斗争。如紧靠平津的冀中区，建立了出入口管理局，实行"奖出限入"与"奖入限出"相结合的政策，建立 1000 华里以上的缉私带和几十个人造海关，对敌区实行封锁、反封锁。

晋冀鲁豫。从 1946 年初开始，重新设立工商管理局，任务之一即为"组织对外贸易，管理出入口，征收出入口税"。如同年 8 月，太行区工商局下达了新的《出入口管理暂行办法》，并发出了要求严格执行新制度、加强缉私工作的通令。经过努力，各地普遍扭转局面，加强了出入境管理。1948 年 5 月，晋冀鲁豫和晋察冀两大边区合并组成华北行政委员会（8 月成立华北人民政府）。同年 6 月，华北工商会议决定，加强沿边区出入口管理，成立出入口管理局、出入口管理所站。简化出入口管理手续，贯彻一道税制，便利商民。内地不设缉私组织，缉私人员一律发给工作证。

解放区海关是中国人民为收回海关主权进行长期斗争的直接成果，它又为新中国海关的建立作了政策上和组织上的准备。因此，解放区海关具有鲜明的特点。

解放区海关是完全独立自主的、新民主主义性质的海关。它根据中国人民自己的利益制订了关税税则和各项管理制度，它是为革命战争和经济建设服务的机关。海关工作人员既是干部，又是战士，全心全意为人民服务。海关工作得到广大人民群众的积极支持和拥护。解放区海关是在革命过程中逐步建立和发展的。海关制度具有适应战争环境、变化频繁的特点，各项手续比较简便，但也有不够健全的缺点。各地海关贯彻党中央统一的方针政策，但在具体业务制度和工作方法上，又各具不同的特点。这一点，不仅各个大的解放区之间如此，就在一个解放区之内各专区、各县之间也不完全一致。

解放区海关在保护解放区生产、开展贸易、粉碎敌人经济封锁、增加财政收入和有力地支援革命战争等方面，起过很重要的作用。同时，它也为解放全中国后接管旧海关建立新海关积累了经验，培养和训练了大批海关工作干部（1949 年 9 月，各解放区海关工作人员共约 1500 人），为新中国海关的建立和发展提供了重要的条件。

十二 中共成立后收回海关 主权的斗争

1921年7月，中国共产党在上海成立。"自从有了中国共产党，中国革命的面目就焕然一新了"（毛泽东）。从此，中国人民要求关税自主、收回海关主权的斗争，作为党领导下反帝反封建斗争的组成部分，进入了新的阶段。

中共早期关于收回关税 自主权的主张

建党初期，尤其在党的"二大"之后，党中央和中央一些领导同志，开始通过发宣言、写文章，宣传党的政策，号召收回关税自主权，并和反帝反封建的总斗争结合起来。1922年6月，党中央发表了第一次时局主张《中国共产党对于时局的主张》，提出反帝反封建斗争纲领共11条，其中第一条就是"改正协定关税制，取消列强在华各种治外特权"。同年7月，在《中国共产党第二次全国代表大会宣言》中又指出：

"关税也不是自主的，是由外国帝国主义者协订和管理的。这样，不但便于他们的资本输入和原料的吸收，而且是中国经济生命的神经系已落在帝国主义的巨掌之中了。"1923年7月，毛泽东在《北京政变与商人》一文中指出：中国现在的问题是打倒军阀和帝国主义的问题，只有打倒军阀和帝国主义，才能实现关税自主。

1923年6月，党的"三大"确定了国共合作建立革命统一战线的方针，开辟了大革命的新局面，也使收回海关主权的斗争，出现新的高涨。

支持广东政府提用关余和 收回海关的斗争

袁世凯死后不久，孙中山主持成立广东军政府。1918年11月，军政府开始向驻北京各国外交团提出分享关余的要求。经多次交涉和当时国内外反帝斗争的形势影响，外交团不得不同意自1919年1月起，以关余的13.7%按比例拨给广东军政府。截至1920年3月，军政府先后收到6次，计300余万银两。但到1920年4月，帝国主义国家即借口军政府内部分裂，停止拨付应拨军政府的关余。

1923年10月，孙中山发表了国民党改组宣言和党纲草案。广东革命政府多次照会北京外交团，要求总税务司将关余拨还广州政府。廖仲恺也一再发表演说，号召收回关权。

广东革命政府收回海关的斗争，得到中国共产党和广大人民群众的坚决支持。1923 年 11 月，党中央给各级党委发出第 11 号通告："广州政府现拟收回海关用人管理权，本属正当办法，乃英人竟因此派兵占领海关，当此英帝国主义进攻最横暴之日，各区及地方同志应即召集全体紧急会议，筹备联络各团体发起剧烈的排斥英货运动，并通电全国主张收回全国海关，以恢复国家应有之主权。"同年 12 月 25 日，党中央又发出第 13 号通告，指出："协定关税制税则、用人均不能自由行使主权，这是国际帝国主义者制我死命的最毒政策。""目前广东海关问题，广东政府原来之目的固然仅在关余，然相持之际已发展到用人问题。吾党此时应一面声援广东政府并督促其根本的收回海关全部主权，勿仅仅争在关余；一面主张收回全国海关主权，废除关税制，以排斥英货、美货为武器。"

与此同时，中央领导人蔡和森在《向导》第 48 期发表了《为收回海关主权事告全国国民书》，号召群众奋起，誓作孙中山的后盾。恽代英和邓中夏也分别发表文章，号召群众援助广东政府收回关余及粤海关主权的斗争。面对列强武装威胁，广州人民无不义愤填膺。1923 年 12 月至 1924 年 3 月间，人民纷纷组织集会、游行示威。党的广东区委并组织各团体成立"国民外交后援会"，号召："要求收回关税！恢复以前国家丧失的权利！"

1924 年 1 月，有中国共产党人参加的国民党第一次代表大会召开，通过了收回关余、收回海关的决议，大会发表的宣言也把收回海关管理权列入对外政策之中。

广东革命政府的斗争，还得到了苏联和许多国家工人阶级的声援。1924年5月签订的《中俄解决悬案大纲协定》，规定废除帝俄与中国或第三国所订立的一切有损中国主权及利益的条约，其中第十三条是关于放弃关税特权的规定。这是鸦片战争以来中国同外国订立的第一个平等协定。

1924年10月，广东革命政府平息了商团的叛乱，决定采取措施收回粤海关。9日，向税务司发出了收回海关的训令。17日，孙中山任命罗桂芳为粤海关监督，准备接管海关。工会决定驳载物资向新关纳税。在这关键时刻，帝国主义列强重施调兵遣将、武装干涉的故伎，对革命政府施加压力，加上当时两广地区内部尚有军阀割据，北方政局动荡，冯玉祥商请孙中山北上"共商国是"，因此，广东政府未能进一步采取有力措施实现关税自主，收回海关主权的斗争暂时告一段落。这是国共两党实现合作建立革命统一战线后发动的第一次重大活动。

 3 反对关税特别会议

早在关税会议开幕之前，中共中央机关报《向导》就发表文章，指出："召开关税会议是来缓和中国的反帝国主义运动"，"我们所谓关税自主，具体说来，乃指税则自主与管理自主二事"。上海、江苏、河南等省市一些团体也纷纷发表宣言，反对关税会议。关税会议开幕的前一天，北京各团体举行关税自主的示威游行。开幕的那一天，当段祺瑞入会场时，有学生2000余人在会外示威，与段之卫队冲突，受伤及被拘多人。这时作为革命统一战线组织的国民党，发表了《中国国民党对关税会议宣言》，指出："此次会议，当要求完全关税自主，且会议不能限于关税，应进而及于收回领事裁判权，废除不平等条约。"会议期间，北京、广州等地的群众多次举行集会和示威游行，反对关税会议。

1926年4月，段祺瑞政府被国民军冯玉祥部推翻，关税特别会议亦随之收场。这时，在广东爆发的"省港大罢工"已坚持了近一年，沉重打击了帝国主义势力。随着北伐战争的胜利进展，革命斗争策略需要及时调整，省港罢工工人代表大会在党的领导下，决定自1926年10月10日起结束罢工。同时，罢工委员会向广州国民政府提出：为了妥善结束罢工，建议征收关税附加税，作为安排罢工工人生活的费用和对罢工期间工人损失的补助。国民政府接受了罢工委员会的意见，制定了征收贸易品暂行内地税条例，并成立内税局，设于粤海关附近，开始征收附加税。香港当局和各帝国主义国家鉴于当时高涨的革命形势和广州国民政府的坚决态度，不敢公然反对。此后，其他各省亦纷纷按例开征附加税。省港罢工工人和广东国民政府不顾帝国主义国家的反对，自行规定在广州开征关税附加税，并很快推行至全国各地，这是对半殖民地关税制度的有力冲击，是中国人民反帝斗争的一个胜利。

 推动海关职工运动的开展

海关职工尤其是下层员工深受帝国主义国家和外籍关员的压迫、欺凌，早有反抗表示。中国共产党建立后，加强了对工人运动的领导。粤海关职工于 1926 年四五月间，成立了海关华人总工会，也叫"杂工总会"，从内部展开收回海关主权，实现关税自主的斗争。

在此前后，汕头的潮海关监督不顾列强的反对，毅然发出通告，收回了原已划归洋税务司管理的汕头口岸 50 里内 7 个常关分卡。

1926 年，国民革命军开始从广东北伐，中国共产党接连发表对时局的宣言，再次强调提出必须废除不平等条约，收回海关，改协定税制为国定税制。革命军攻下武汉后，江汉关职工于 1926 年 11 月成立了"江汉关职工总会"，发表了《敬告各界宣言书》和《通告全国海关宣言书》。这两份宣言及后来发给国民政府和总工会等公团的通电，痛斥帝国主义把持关权，为害国家，欺压华籍关员的罪行，强烈呼吁立即收回海关。

北伐期间，长沙、岳州、重庆等地海关也曾成立职工会，要求华洋平等和收回海关。1927 年 9 月，八一起义部队攻克汕头时，郭沫若曾被任命为潮海关监督兼汕头交涉员。在上海，海关中的华员罢工三天，庆祝北伐胜利，并成立了"海关华员联合会"，出版了会刊，长期被帝国主义代理人严密控制的海关内部，终于出现了令人鼓舞的革命曙光。

华洋歧视是近代半殖民地海关行政人事制度的重要特点之一，也是洋税务司制度得以长期推行的重要支柱。北伐战争的胜利和武汉、九江等地租界的收回，曾使海关中的洋员惶恐不安，使华洋歧视的耻辱制度受到严重冲击。后来，大革命虽然失败了，但中国共产党和有觉悟的进步群众仍坚持斗争。以江海关下级员工为主组成的"江海关华员联合会"，成立于1927年4月24日，大会宣言号召全体华员为"促进关税自主及改革海关现行行政制度"而努力。1929年1月，国民党政府财政部组成"改善关制审查委员会"，由关务署和海关中一些税务司参加，制定改善关制方案，主要内容为华洋人员职权待遇平等，停止招收外籍关员，但仍规定，必要时可用合同方式雇用洋员。

改革海关制度和要求关税自主一样，本来都是人民群众和海关中广大华员的要求，但在当时的政局形势下，两者都被蒙上了一层虚假的色彩，成为帝国主义和国民党政府互相勾结、控制海关的两张王牌。尽管如此，从对外关系来说，关税主权仍是有限度地收回了，税务司制度也受到了限制，因此，海关中的洋税务司们是不甘心这些改革的，他们采取分化、收买、调口等手法，破坏华员联合会。1931年6月华员联合

会终于自动宣布解散，使海关职工的革命斗争再一次
受到挫折而进入低潮。

九一八事变后，民族危机空前严重，人民苦难更
加深重，全国抗日反蒋的浪潮也迅速影响到被洋税务
司严密控制的海关内部，一度处于低潮的海关职工运
动又重新发展起来。

从1932年起，北平税务专门学校就有一批学生在
中国共产党地下组织的影响下，组织读书会，探索救
国道路。上海地区的海关关员对东北沦陷和东北各海
关被日伪侵占，无不义愤填膺。当时在上海出版的海
关职工刊物《关声》，发表了许多有关关员要求保全东
北海关和怀念东北各关的报导。在总税务司署任税务
司的辽宁海城县人丁贵堂，发起捐款活动资助东北抗
日救国会和抗日军队，得到全国海关广大华籍关员的
热烈响应。

在党中央《八一宣言》和一二·九运动的指引和
推动下，全国规模的抗日救亡运动迅速兴起，反对日
本走私是救亡运动的重要内容。天津、上海等地群众
和"全国救国联合会"、"中华工业联合会"等团体，
纷纷举行游行、罢工、请愿，要求国民党政府加紧缉
私。全国报刊发表了大量文章揭露日本走私的严重性
和危害性，并提出应采取的对策。广大海关关员为了
维护国家主权和民族经济，同日本走私分子进行了坚
决的斗争。不少海关都发生了缉私关员被日伪走私分
子殴打致伤事件。1937年3月江海关职工两次发出了
要求武装缉私的宣言，得到各界人民的热烈支持。上

海文化界骆耕漠、石西民、孙冶方、钱俊瑞、徐雪寒等知名人士写信给海关关员，支持宣言，并指出：海关关员是"为祖国执行神圣的缉私重任"。

国民党上台后，总税务司署即自北京迁驻上海，江海关的业务量和关员人数都是全国各海关中最多的。从 20 世纪 30 年代初期开始，中国共产党就十分重视和组织有关海关的革命活动，包括支持上述海关"改制运动"和反走私斗争。1936 年 9 月，中国共产党江海关支部成立，这是党在海关中建立的第一个地下组织。第一批党员只有胡实声、彭瑞复、朱人秀三人，不久又发展了冯华全、高仕融入党，他们都是北平税务专门学校的毕业生。党支部建立后，加强了对海关职工运动和抗日民族统一战线工作的领导，以原有的读书会和职工俱乐部为基础，于 1936 年成立了党领导的群众性组织——乐文社。同年，党加强了对群众性刊物《关声》编辑工作的领导。自 30 年代中期至上海解放，在上级党的领导下，上海区海关地下党组织在反抗日本侵略、收回海关主权、维护职工权益及争取解放的斗争中，作出了重要贡献。

推动和领导海关爱国关员的
抗日救亡活动

七七事变后，平津海关关员坚守岗位，奋力抗敌。毕业于燕京大学和海关"税专"的津海关稽查员郑铭勋于 7 月 29 日在天津东站值班时被敌军杀害，成为关员在"全国抗战声中第一牺牲者"。

八一三上海抗战爆发后,上海海关职工迅速成立"海关华员战时服务团",开展募捐慰劳前线战士和演出抗敌话剧等活动。1937年11月,国民党军队撤退,海关中共地下党支部决定战时服务团暂停活动,仍以乐文社积极分子为基础,另行组建"救国十人团",共组成十个团,每团十至十五人,继续进行抗日救亡活动。活动方式亦由公开的、大规模的改为隐蔽的、分散的。

当时,上海区海关部分职工激于爱国热情,决定组织"上海海关同人救亡长征团",参加的有职工和家属共19人。长征团离开上海到华南各地海关宣传抗日救亡。后来其中一部分同志北上武汉辗转奔赴延安,入抗日军政大学和陕北公学学习,随后出发到晋察冀边区等地参加抗日战争,有的在战争中阵亡。

茅丽瑛和佘毅都是上海海关关员,中国共产党党员,他们先后在沦陷后的上海和晋察冀边区英勇殉国。两位烈士都是从帝国主义控制的旧海关中脱离出来的青年志士,他们的献身精神,永远值得后人学习。

茅丽瑛,浙江杭州人,曾在东吴大学肄业,因经济困难辍学。1931年考进江海关任英文打字员,待遇虽然优厚,但她亲身体会到民族受压迫和妇女受歧视,深感屈辱和义愤。她踊跃捐款资助东北抗日义勇军,参加海关进步团体"乐文社"的活动。八一三抗战爆发后,茅丽瑛参加了海关华员战时服务团。上海沦陷后,她又毅然抛弃海关这个"金饭碗",参加"海关同人救亡长征团"。

1938年1月，长征团在华南的工作告一段落，茅丽瑛回到上海，除在她的母校启秀女中任教外，致力于开展职业妇女运动。同年5月，上海中国职业妇女俱乐部成立，她被选为主席，并在斗争中加入了中国共产党。"职妇"会员发展到1000多人，成为"孤岛"上海重要社团之一。"职妇"积极开展抗日救亡活动，并在1939年7月成功地举行了两天规模盛大的"慈善义卖会"，所得款项全部用来救济难民和支援新四军抗日。

义卖的成功，影响所及，远远超出经济上的收入，极大地鼓舞了上海人民的抗日热情。从此，日伪更把茅丽瑛视为眼中钉。1939年12月12日，茅丽瑛，这位伟大的爱国志士，终于惨遭毒手，被特务在租界内暗杀，年仅29岁。上海人民无比悲愤，成千上万的爱国人士冒着风险参加了吊唁活动，这是上海人民继1936年鲁迅逝世后又一次规模最大的追悼会。

佘毅，广东中山县人。1932年考入北平税务专门学校内勤班，在当时国难深重的形势影响下，他努力阅读进步书刊，提高了思想觉悟，1934年，因日本走私严重，佘毅提前毕业转为外勤，分配江海关任稽查员，和日本浪人的猖狂走私进行了坚决的斗争。1936年4月，佘毅加入了共产主义青年团，并参加海关群众刊物《关声》的编辑工作，使《关声》的内容逐渐与抗日救国紧密联系起来。不久，他参加"乐文社"，八一三抗战爆发后，他参加"海关华员战时服务团"，负责宣传工作。后又参加"海关同人救亡长征团"。佘毅不仅擅长歌咏，还会演戏、谱曲，是抗日宣传工作的组织者和活跃分子。

1938 年 1 月，佘毅和长征团里的 10 位同志离开广州奔赴陕北，佘毅被分配进陕北公学学习，1938 年 4 月加入中国共产党。他自陕北公学毕业至 1943 年牺牲，先后任陕北公学栒邑分校政治部宣传科副科长、晋察冀抗大二分校政治教师、晋察冀三军分区政治部宣传科长、晋察冀二团政治处副主任等职，在解放区的学校和部队工作了 5 年。佘毅革命立场坚定，对敌斗争英勇无畏，对党和祖国无限忠诚，对同志平易近人，对工作认真负责，作出了很大成绩。1943 年 5 月 6 日，佘毅率领部队在河北唐县一带抗击日军的反扫荡战斗中壮烈牺牲，年仅 29 岁。

1938 年 3 月上海伪维新政府成立后，敌伪积极筹划接收江海关。4 月下旬，英国同日本非法签订了《中国海关协定》，主要内容是：第一，由伪政府接收江海关，任命海关监督。第二，把原由英国汇丰银行保管的关税改由日本正金银行保管。第三，关税收入保证偿还外债。5 月初，江海关税务司罗福德开始将税款改存正金银行，伪政府派汉奸担任海关监督，准备接收江海关。

5 月 5 日，当时在武汉出版的《新华日报》发表短评，指出：英国政府的这种做法，是"藐视我国主权的措施"，"应宣布'英日协定'根本违法，不能生效"。江海关职工对英日缔结非法的中国海关协定和汉奸监督将来接管海关，无不义愤填膺，在海关党支部领导下，全关两千多职工，于5月7日举行罢工，发表"护关"宣言，爆发了震惊中外的"护关运动"。江苏省委根据党中央南方局的指示，对海关的斗争及时给予指导。《新华日报》再次发表评论，热烈赞扬和支持上海海关关员的斗争。

护关斗争爆发后，上海报刊及各界人民纷纷表示支援。邮局、法院、学校也纷纷掀起护邮、护院、护校斗争。日伪当局十分惊慌，伺机进行破坏，海关当局也同日方妥协，下令解散"护关执委会"。党支部根据当时形势和上级指示，决定说服群众，于9日下午停止罢工。护关运动的时间虽短，但意义和影响十分重大。

护关运动之后不久，海关当局即以"调口"名义，将斗争中的积极分子18人（其中共产党员6人）分批调往南方各关，包括蒙自、腾冲、北海、三都澳等一些偏远小关。此后，江海关的抗日救亡活动因进步力量的削弱而受到一定的不利影响。留在上海的同志，继续在党支部领导下，积蓄力量，团结群众，开展工作。党支部还领导职工，利用职务便利，放行运往抗日根据地的物资，并且输送革命力量到新四军去。调到各地的进步力量，在新的地区和当地积极分子结合起来，开展抗日救亡活动。

例如，高仕融和冯华全被调到桂林海关后，团结更多的同志参加抗日救亡活动。朱人秀和王兆勋在广州海关，黄宸贵在广州、昆明、南宁海关，彭瑞复在汕头海关，胡实声和秦道良在江门海关，梁家瑛在拱北海关，也都积极开展活动。1942 年后，重庆开始成为海关职工运动的中心。重庆海关地下党活动和职工运动都十分活跃，主要活动有：①组织维护群众利益的经济斗争，举办消费合作社、食堂、职工子弟学校等，帮助员工解决生活困难；②组织读书会、时事座谈会和报告会；③组织歌咏团、戏剧组；④出版《关声》（重庆版）；⑤开展上层统战工作；⑥开展广交朋友活动；⑦要求改革人事制度，取消内外勤及税务员帮办相互间不合理的歧视待遇。重庆海关职工运动的主要领导者是两位共产党员——陈双玉和林大琪。

 ## *6* 解放战争时期党领导上海等地 海关职工的斗争

解放战争时期，国民党统治区的海关职工，以人员最多的上海海关职工为主力，在 1946 年至 1948 年间，以进行经济斗争和政治斗争为主，从 1948 年底开始转为保护关产，迎接解放，准备接管海关。

抗日战争胜利后，国民党政府发动了反革命内战，捐税奇重，物价飞涨。民族工商业纷纷破产，广大人民处于水深火热之中。当时海关职工的生活同样困苦不堪，不满情绪迅速高涨。自 1946 年 1 月开始，上海海关地下党即发动职工，以"怠工"形式开展经济斗争，要求改善待遇。仅 1946 年上半年，这种斗争就进行了 5 次。此后，海关职工不顾国民党政府的禁令和高压恐怖手段，在 1947 年 12 月和 1948 年 1 月、6 月、10 月、11 月又相继发动"怠工"（实即罢工）。特别是 1948 年 11 月这一次斗争，长达 16 天，给了美蒋反动派以沉重打击。

1949 年初淮海战役胜利结束。海关党组织在上级党的领导下，及时将工作重点从经济斗争转到准备力量迎接解放上来。主要工作有：①挫败了海关当局破坏职工组织的阴谋，建立起工人、职员统一的"海关同仁进修会"；②加强党的领导，发展了 20 余名新党员，建立了党总支和党团支部、接管支部和一些群众性的外围组织；③加强宣传、统战工作，分别组织党员和积极分子学习党的文件，收听新华社广播，并向上层职员散发宣传文件；④控制了海关当局成立的"应变委员会"（后称"特种委员会"），使之成为迎接解放的"合法"组织；⑤购储"应变粮"发给每一员工，同时办理员工总登记，造报关产清单，为解放后的接管作准备；⑥掌握海关的武装力量，当时上海沪中区只有海关有自己的武装（港警、关警）共 800 人，并有军火，在一般关员中组织了约 500 人的志愿纠察队，有效地保护了海关大楼、仓库、电台、武器库、档案室、海图室等要害部位；⑦经过尖锐、复杂斗争，完整地保护住海务、港务使用的 4 艘大型运输补给船和其他大小舰艇共 40 艘，总吨位 2 万吨。

1949 年 5 月 25 日上海江海关和总税务司署所在地区解放，清晨四时半，江海关大楼即挂出了"欢迎人民解放军解放大上海"的长幅大标语，海关大楼光荣地成为上海人民保安队总部所在地，海关纠察队改为人民保安队，担负起附近市区的治安工作。5 月 30 日上海市军管会派出军代表进驻海关，海关党组织动员了 300 余人，协助军代表进行接管。

抗日战争初期，在天津海关工作的柴树藩离开海关前往延安。留在天津的一些进步群众曾多次捐款寄往解放区。日本投降后，天津海关陈凤平等同志，根据上级党组织的指示，在天津搞交通点，掩护上级同志前往解放区。1946 年春，地下党员梁家瑛调往天津海关，利用海关工作上的便利，搜集国民党的军运情报并团结群众，放行天津与解放区间的船舶、货物，破坏敌人对解放区的封锁。1948 年下半年，天津海关的地下党员和积极分子建立了党的外围组织，做了一些迎接解放的准备工作。

1947 年 7 月间，闽海关曾发生轰动福州的"布案事件"，这是由党的闽浙赣城工部组织，有闽海关地下党员陈文湘（1948 年牺牲）和革命群众参加的一次革命活动。1949 年 8 月福州解放前，闽海关职工也曾进行经济斗争，并为解放后接管海关做了一些准备工作。

自 1947 年下半年起，粤海关员工开始进行经济斗争。一般均获成功。党成立了外围组织"新民主主义经济工作者协会"。1949 年初又成立"海关员工互助会"，以发动群众，积聚力量。同年 10 月 14 日广州市解放，海关地下党员张家栋、程逸岩等，在解放之前，团结职工，保护关产，进行了一系列迎接解放的工作。

　　随着解放战争的胜利进展，原九龙关爱国员工在中国共产党地下党员李国安等同志和护关小组的组织领导下，毅然摆脱国民党政权的控制，于 1949 年 10 月 21 日在香港宣布起义，保护了大批关产，起义成功后，他们又冒着生命危险，将 27 艘缉私舰艇开回广州，在中国海关历史上写下了光辉的一页。

十三　海关回到人民手中

 解放战争的胜利和接管旧海关

　　1949 年中国人民取得了新民主主义革命的伟大胜利，推翻了帝国主义、封建主义和官僚资本主义的反动统治，长期由帝国主义和国民党政府控制的旧中国海关，也随之崩溃了。

　　1949 年 3 月，党中央召开了具有重大历史意义的七届二中全会，毛泽东主席在会上作了报告，指出：我们"应当采取有步骤地彻底地摧毁帝国主义在中国的控制权的方针……不承认国民党时代的一切卖国条约的继续存在，取消一切帝国主义在中国开办的宣传机关，立即统制对外贸易，改革海关制度，这些都是我们进入大城市的时候所必须首先采取的步骤"。毛主席的报告和七届二中全会相应的决议，确定了改革旧海关、建设新海关的根本方针，充分说明党对海关工作的重视。

　　从 1948 年底到 1949 年末，中国人民在一年左右的时间内，随着中国人民解放军军事上的胜利进展，先后解放和接管了广大新解放区的海关机构，其中包括：秦皇岛，1948 年 11 月 27 日（指当地解放时间，下同）。天津，1949 年 1 月 31 日。北京，1949 年 1 月 15 日。南京，1949 年 4 月 23 日（南京海关于 1950 年裁撤，1980 年恢复）。武汉，1949 年 5 月 16 日（武汉海关于 1956 年裁撤，1980 年恢复）。上海，1949 年 5 月 25 日。青岛，1949 年 6 月 2 日。福州，1949 年 8 月 17 日。乌鲁木齐，1949 年 9 月 26 日。广州，1949 年 10 月 14 日。厦门，1949 年 10 月 17 日。九龙（深圳），1949 年 10 月 21 日。江门，1949 年 10 月 23 日。汕头，1949 年 10 月 24 日。拱北，1949 年 11 月 5 日。北海，1949 年 12 月 4 日。昆明，1949 年 12 月 9 日。1950 年 4 月 23 日海南岛解放，又接管了海口海关。

海关是国家行政机关，旧的国家机器是必须打碎，必须摧毁的。在 1945 年至 1948 年间，对一些旧海关（山东烟台的东海关，东北的安东、营口、大连海关），基本是打碎后重建的。随着革命战争的伟大进展并从旧海关的某些特点考虑，改采"接管"方式是正确的。"接管"是"改革海关"的开始，也可说是打碎旧海关的一种特定的形式。通过接管使旧海关的性质发生根本变化。但是旧海关和国民党的政府机关又是有区别的，对在旧海关工作的人员是量才录用，区别对待，对旧海关某些业务制度和技术经验则采取慎重的、稳步改革的方针。

各地海关的接管大致是从北往南，以天津、上海两地影响最大。

天津是 1949 年 1 月 15 日经过战斗解放的，天津海关的接管采取"完整接管、逐步改造"的方针。接管工作以冀中出入口局为基础，由江明、朱剑白两位同志负责，依靠接管干部和原有员工中的积极分子，迅速整顿内部组织、人事，恢复海关各项业务。业务上，是根据华北人民政府颁布的《对外贸易管理办法》和《进出口税稽征办法》，大力支持对外贸易和交通运输的恢复工作。关税税则暂用 1948 年进口税则（取消了协定税率和进口附加税）和 1934 年出口税则（免征出口税，仅作归类统计）。奢侈品一律禁止进口，建立了必要的监管查私制度，打击了重大走私活动。天津海关是新解放区大关中最早被接管的一个，对以后接管全国海关工作有很大影响。

1949 年 5 月 25 日上海解放。在全市人民和广大海关工作人员的热烈拥护支持下，军管会派徐雪寒、贾振之两位同志为代表进驻海关，会同党的地下工作同志接管总税务司署和全国海关机构中最庞大的江海关。江海关有 3000 人，连同总税务司署、浚浦局、港务科、检疫科，共约 6000 人。同年 6 月，上海军管会和华东军区公布了《华东区进出口货物稽征办法》，规定一切外轮进口均需先报经军管会贸易处批准（过去是自由进口），废除了领事签证货单办法，废除了封锁解放区的反动法令。税则和征税工作参照天津海关的办法办理。上海解放和旧总税务司署、江海关的接管，在海关历史上有着重要意义。

中华人民共和国海关总署的建立

1949 年夏秋季，随着人民革命战争的胜利进展，建立新中国的各项筹备工作，在全国范围内紧张、有秩序地进行着。6 月，中共中央成立了由陈云主持的中央财政经济委员会。

中财委下设 6 个工作机构（计划局、人事局、秘书处等）和 13 个经济部门（称"处"，即后来的部）。主管全国海关事务的部门为海关总署筹备处，简称"海关处"，由孔原负责。在海关处建立过程中，周恩来曾指示："海关工作性质要求全国统一，要求具有一致对外的统一性。""新中国必须把被帝国主义把持的旧中国海关加以彻底改造，把它改造成为独立自主的人民海关。"

同年 8 月，由孔原、姚依林、朱剑白三位同志署名，海关处向中央提出了《关于建立海关总署工作的初步意见》。这是筹建海关总署的第一份历史性文献，内容包括抽调干部建立海关总署筹备处，先接管天津、北京的海关，和其他各关建立初步联系，了解各关情况，筹划成立海关总署的组织机构、干部调配及海关税则、业务制度方案，准备召开全国海关工作会议等。海关处是海关总署的前身，总署在 10 月间成立后，海关处就撤销了。

为了进一步了解各地海关工作情况，及时成立海关总署，中央财委于 9 月 23 日至 10 月 16 日在北京召开了全国海关工作座谈会。这是建设新中国海关的一次重要会议。到会代表 36 人：东北、营口、安东孙纯、徐茂松、邵德宇等 5 人，旅大顾宁等二人，山东、青岛、烟台毕可敬、张学礼、于厚轩等 5 人，天津朱剑白、吴传泽等 7 人，汉口沈旭等二人，上海丁贵堂、吴耀祺、陈铁保等 7 人，九龙（待解放区）林大琪等二人，及中央财委海关处高尚能、殷之钺等 6 人。

会议由孔原主持，议程共四项：①人民海关工作的方针任务和业务范围；②全国海关组织机构及领导系统；③中央海关总署的任务及组织条例草案；④若干海关行政的与业务的问题（验征、税则、查私、海务、统计及人事等）。

中央财政经济委员会主任陈云到会作了重要讲话。他指出："①把百年来帝国主义所把持的海关，变成为人民服务的、完全自主的、有利于新民主主义国计民生的海关，这是带根本性的大变革。在变革中，应该采取稳重审慎的步骤。应该把旧海关内对新民主主义有用的东西，如验证、查缉等业务技术和管理经验等接受过来。②海关与对外贸易的关系是很密切的。人民政府在平等互利的原则下，愿与各国政府及人民恢复和发展通商关系。③海关管理上目前的不统一是暂时的现象，要逐渐走向统一。④从事海关工作的新老干部必须团结，共同为建设人民的新海关而努力。"

1949 年 10 月 1 日，中华人民共和国光荣诞生，中国人民从此站起来了！中国共产党和中央人民政府十分重视海关工作，决定海关的中央领导机关海关总署由中央人民政府政务院直接领导，作为政务院的一个组成部门，并受政务院财政经济委员会的指导。毛泽东主席任命孔原、丁贵堂为海关总署第一任正副署长。10月25日，海关总署在北京成立，统一领导全国海关机构和业务，并向全国各海关发出了第一号通告。

海关总署的建立，使海关历史从此掀开新的一页，宣告了受帝国主义控制的半殖民地海关的彻底覆灭，在全国范围内实现了海关关税及行政管理的独立自主，标志着社会主义性质海关的诞生，显示了新中国海关由中央统一管理的重大特点。

从此，中国海关真正回到了人民手中。

十四　结语：半殖民地的中国建不成现代化的海关

　　综上所述，海关行政管理权的丧失，使中国大门的钥匙落到侵略者的手中。总税务司订立与推行的各项业务制度都是有利于洋商、洋货的；他们以海关为据点，控制中国财政、干涉中国内政和外交；促进了中外反动派的勾结，关税收入支持了历届政府的财政支出，阻碍了人民革命事业的发展。

　　不过，也有以下种种说法。

　　西方学者称中国海关总税务司在中国的洋务活动中是"领导中国进行改革的主要推动者"；港、台学者中有的称赫德是"中国现代化之父"；海关史专家马士（H. B. Morse）及其后的中国海关研究者一般都认为：赫德是"坚定地推进中国改革的朋友"。甚至中国海关史研究者中，直到最近还有人对把海关总税务司看成"侵略者的代理人"的观点，当作"片面性"，要求为他正名，认为赫德"身负双重使命（指中国和英国），确实像走钢丝一样"，应该"多少得到一点理解"，"再说，造成侵害中国利益的根本原因不在赫德"。

　　以上观点在事实面前是站不住脚的。《泰晤士报》说赫德是"外国债权人的委托人",明载于 1906 年 8 月 4 日该报,无可争议。19 世纪的中国,应该得到理解的,不应该是海关总税务司赫德以及以他为代理人的侵略者,而是那呻吟于帝国主义侵略淫威下的亿万中国人民。绝不可忘记赫德是他所处的那个时代的产儿。英国大学中的一个研究生引起了如许英国侵华头面人物的青睐,一方面说明了他确实"人材出众",但同时更说明了英国侵略者中的头面人物,为寻觅干练的侵华帮手所下的工夫。赫德在中国活动的年代,正是资本帝国主义采取军事的、政治的、经济的以至文化的一切手段,使中国一步一步地变成半殖民地和殖民地的过程。他毕生从事的事业,就是这种侵略活动的一个重要组成部分。上文已经不乏这方面他本人的自述。赫德确是一个有眼光的殖民者。他与李泰国一比,虽是两种手法,但目标是一个。他透彻地知道大英帝国和世界资本主义的长期利益所在。他不仅和李泰国之辈那种只知横眉怒目、急功近利者不同,和一般外商、一般外交官也不同。那些人或者是要尽快在中国发财致富,然后带回国去享用;或者恣意妄为,急于攫取中国的一切利益。他们(包括李泰国在内)急功近利,反而欲速则不达。而他则善于从长期着眼,为大英帝国和资本主义列强服务。他控制下的海关,创造各种条件,正如费正清教授在《总税务司在北京》一书中所说,"在贸易增长有序中致力于总的外国利益,而同时又不断努力使清王朝从对外贸易中获取最大限额的收入"。这里应当指明的是："贸易增长有序"
固然是"外国利益"；而"使清王朝从对外贸易中获取
最大限额的收入"，不过是外国资本"贸易增长有序"
的一个条件，归根结底还是为了"外国利益"。否则，
为外国在中国这块土地上"维持法律秩序"的清政府
将混不下去；以小农业、小手工业为基础，经济落后、
市场狭窄的中国，就无法承受源源而来的外国商品，
无法提供日益扩大的市场，"外国"对华"贸易增长有
序"便不可能。他的做法也就是使外国商人主要不靠
贿赂、偷漏税款和私贩私运获取利益，而是通过扩大
推销他们的商品（包括鸦片这样的"商品"）占领中
国市场，并使中国的农业经济服从于帝国主义的需要，
以此来取得日益增长和更为可靠的利益。在资本主义
正以血腥的手段掠夺殖民地半殖民地的时代，赫德这
样的认识的确不同凡响。资本帝国主义列强为了占领
中国这个市场，和使这个市场越来越多地容纳它的商
品，如果它不打算为每个毒品贩子的具体商业利益随
时发动战争，从现实利益来说，赫德的办法很可能是
它们最佳的选择。

　　以实力为后盾攫取了利益，还使受之者感到"友
谊"，感到是"咱们"的自己人，这是赫德的最大成功
和过人之处。他在八国联军占领北京，帝国主义列强
正为瓜分中国纷争的时候，发表了他的著名论文《这
些从秦国来——中国问题论文集》，认为"瓜分"为下
策，主张维持清政府而"竭力利用它"。这是他的一贯
主张的逻辑结果，而非出于对中国人民的"友谊"。

《辛丑条约》的签订本身和条约内容与赫德提示的大致相同，就证明了这点。

不应当排除赫德本人对清政府确有"忠诚"或"友谊"的一面。他在与金登干的通信中时有流露。但别忘了那是有限度的。那限度就是：在大英帝国的利益与清政府的利益不相矛盾的前提下。从这点来说，赫德的"骑马"说，也算是真心话，也等于供认了这一点。英国是当时在华享有最大利益的资本主义国家，保持中国的相对统一与稳定，有利于它发展对华商品输出，扩大和加强经济剥削。由于资本主义发展的不平衡，英国的地位受到后起的、企图重新分割世界市场的帝国主义国家的挑战，从而形成对它在华利益的威胁；从争夺中国海关的控制权这个角度来说，也是对赫德本身的威胁。这时，就产生了"英国在华利益和清王朝利益之间的共同性"。这个共同性还来自清政府那一面。自太平军兴起以来，以汉族为主，也有少数民族，接连不断地发动人民起义，严重地动摇了清王朝的统治。清王朝虽然借助汉族地主阶级的效力，扑灭了太平军与捻军，却又形成以汉族地主阶级为主体的地方势力的抬头。对于素来严格满汉界限的清王朝，广大人民起义乃心腹之患。与此相比，不平等条约、列强在华特权甚至割地赔款，充其量不过是肢体的损失。如果殖民者在侵略的时候，不触动风雨飘摇的清王朝统治，或就如赫德所大力主张的那样，利用它作为统治中国人民的工具；在这种情形下，清王朝与外国殖民者之间有了共同利益，产生了"友谊"和

"忠诚"，也就不奇怪了。

但如果谁把这说成是对中国人民的"友谊"，那就是把清王朝统治者与人民混为一谈，就大错特错了。最有力的证据之一就是赫德对中国民主革命的先驱——孙中山的态度。出身基督教家庭，在香港受过教育的孙中山，是接受西方文化的先进人物。他所倡导的革命，即是使中国资本主义化，无非是西方已经实行的办法。然而孙中山得不到赫德的"友谊"。赫德向金登干说：他"图谋不轨……根本不值得同情"。由此可见，如果赫德对中国有什么"友谊"的话，也绝不存在于他和人民之间。

赫德曾大力鼓吹并敦促清政府，按照西方资本主义的方式进行"改革"以及引进某些先进技术。这些主张，对 19 世纪末中国的"维新运动"有过思想影响。在当时的历史条件下有进步意义。可是鼓吹者（除赫德外还有些在华的外国人）的意图原在于：第一，教导颟顸的清政府，使之能够适应帝国主义列强的要求；第二，给垂危的清朝统治输血，以延缓一场不可避免的革命。因此，在根据现实效果作历史结算时，这些或则要么没有实行、或则归于失败的"改革"，留给中国广大人民的只有痛苦的记忆，而没有带来什么"现代化"。对于中国海关管理的"现代化"，我们只能作这样的评价：处在赫德的位置上，这样的管理和工作效率是必不可少的；否则，海关就不能如费正清所说，"对条约制度的履行起重要的推动作用"了。至于它和中国"现代化"的关系，显然是另一个问题。从纯技术的角度看，在赫德控制下的中国海关，在引进某些西方技术和它本身的管理方面确有可观的成就。问题就在于它和中国"现代化"的关系。如果说把中国海关引进西方技术与管理方法，以及赫德关于中国实行"改革"的主张，视为中国"现代化"的先驱，是失之于偏颇的话，那么与此相连的关于西方学者说的有关"现代化"的一般论断，即"不平等条约时代是（中国）现代化进程的一部分"的说法，就是不能接受的了。因为这个"进程"论实际是说：经济落后的中国，在外国资本主义侵略下半殖民地化和殖民地化的过程，便是它的现代化进程。

这是完全不符合历史事实的。外国资本主义的侵入，引起了中国封建社会的解体，促进了资本主义因素的发展，把一个封建社会变成了半封建社会，这是事实。还有另一个方面，随着资本帝国主义的入侵，列强残酷地掠夺了中国，扼杀了中国封建社会内早已孕育着的资本主义萌芽独立发展的前途，把独立的中国变成了一个半殖民地的中国。而归根结底，中国人民在经历了创巨痛深的一个世纪以后，并没有资本主义的长足发展，自然也没有现代化。

中国并不是西方国家自由移民所开拓的处女地。远在西方入侵以前，中国就有发达的手工业，和高度文明一起有着完整的自给经济，也早就有了资本主义的萌芽。直到 19 世纪 60 年代，西方国家对华商品贸易上还一直处于逆差。早期的外国资本主义，对中国既不是以商品输出为主要职能，也谈不上资本输出，而是依靠战争赔款、直接的掠夺、鸦片贸易、贩卖苦力、军火销售等充满了血腥的手段，在中国积累资本，发展殖民主义经济。以战争赔款为例，仅《马关条约》和《辛丑条约》两项前者赔款两亿三千万两（包括向日本赎还辽东半岛），后者四亿五千万两，加上利息和地方赔款，共计十亿两。以当时的四亿人口计算，每个中国人要负担白银约三两。

19世纪70年代以后，外国商品大量在中国倾销，以半殖民地和殖民地身份被裹进国际资本主义体系的中国，民族资本因受到外资的冲击而得不到相应的发展。进入20世纪，外国在华企业逐渐具有资本输出的性质。可是它们的投资仍然大部分是在中国国土上聚集起来的。据吴承明的《帝国主义在旧中国的投资》与美国经济学家雷麦（C. F. Remer）在《外人在华的投资》（*Foreign Investments in China*）中的统计：1949年，外国在华的企业投资约值19.8亿元，其中从外国输入中国的资本，累计不过9.4亿美元。但即使包括这些外国在华资本，中国国土上的资本主义也只有非常微弱的发展。据新中国成立后的统计，1949年，中国工矿业的固定资产共计人民币128亿元，折合1936年的币值，约为国民党政府的法币51.2亿元；交通运输业的资本估计与此数相当。同一年，民族资本的私营工业的资产净值约为人民币20.08亿元，折合1936年法币8.03亿元；运输业方面的私人资本，估计不足1936年法币1亿元。四项合计共约法币11.43亿元。按法币每元兑换英镑1先令2.5便士计算，折合为

4.95 亿余英镑，以当时 5 亿人口计算，每人还不足 1 英镑。

中国人民从痛苦经历中认清了帝国主义侵略的本质，和它给中国社会发展所带来的恶果。在民主革命和社会主义革命取得胜利以后，独立自主地吸取世界先进的科学技术，实现工业、农业、国防与科学技术的现代化，建设有中国特色的社会主义，这才是中国人民经过长期斗争所选定的真正的现代化道路。

这就说明，中国历史有自己的发展规律，实现现代化是它前进路程的必然趋势。但是，驱逐一切侵略者是这种发展的前提。收回中国海关主权，在驱逐帝国主义侵略者的斗争中是重要的方面，也是中国实现现代化发展的前提之一。读完了这本《海关史话》我们可以得出这样的结论。

参考书目

1. 王铁崖编《中外旧约章汇编》3 册，三联书店，
   1957。

2. 海关总署研究室编译《帝国主义与中国海关资料丛
   编》11 册，中华书局，1957～1964，1994。

3. 黄序鹓：《海关通志》2 册，商务印书馆，1917。

4. 汪敬虞：《赫德与中西关系》，人民出版社，1987。

5. 陈诗启：《中国近代海关史》（晚清部分），人民出
   版社，1993。

6. 陈霞飞主编《中国海关密档——赫德金登干函电汇
   编》中文本，9 册，中华书局，1990～1999。

7. 蔡渭洲：《中国海关简史》，展望出版社，1989。

8. 中国海关学会编《海关职工革命斗争文集》，展望
   出版社，1990。

9. 叶松年：《中国近代海关税则史》，三联书店，
   1993。

10. 戴一峰：《近代中国海关与中国财政》，厦门大学
    出版社，1993。

11. 卢汉超：《赫德传》，上海人民出版社，1986。

《中国史话》总目录

系列名	序号	书名	作者
物质文明系列（10种）	1	农业科技史话	李根蟠
	2	水利史话	郭松义
	3	蚕桑丝绸史话	刘克祥
	4	棉麻纺织史话	刘克祥
	5	火器史话	王育成
	6	造纸史话	张大伟　曹江红
	7	印刷史话	罗仲辉
	8	矿冶史话	唐际根
	9	医学史话	朱建平　黄　健
	10	计量史话	关增建
物化历史系列（28种）	11	长江史话	卫家雄　华林甫
	12	黄河史话	辛德勇
	13	运河史话	付崇兰
	14	长城史话	叶小燕
	15	城市史话	付崇兰
	16	七大古都史话	李遇春　陈良伟
	17	民居建筑史话	白云翔
	18	宫殿建筑史话	杨鸿勋
	19	故宫史话	姜舜源
	20	园林史话	杨鸿勋
	21	圆明园史话	吴伯娅
	22	石窟寺史话	常　青
	23	古塔史话	刘祚臣
	24	寺观史话	陈可畏
	25	陵寝史话	刘庆柱　李毓芳
	26	敦煌史话	杨宝玉
	27	孔庙史话	曲英杰
	28	甲骨文史话	张利军
	29	金文史话	杜　勇　周宝宏

系列名	序号	书　名	作　者	
物化历史系列（28种）	30	石器史话	李宗山	
	31	石刻史话	赵　超	
	32	古玉史话	卢兆荫	
	33	青铜器史话	曹淑芹	殷玮璋
	34	简牍史话	王子今	赵宠亮
	35	陶瓷史话	谢端琚	马文宽
	36	玻璃器史话	安家瑶	
	37	家具史话	李宗山	
	38	文房四宝史话	李雪梅	安久亮
制度、名物与史事沿革系列（20种）	39	中国早期国家史话	王　和	
	40	中华民族史话	陈琳国	陈　群
	41	官制史话	谢保成	
	42	宰相史话	刘晖春	
	43	监察史话	王　正	
	44	科举史话	李尚英	
	45	状元史话	宋元强	
	46	学校史话	樊克政	
	47	书院史话	樊克政	
	48	赋役制度史话	徐东升	
	49	军制史话	刘昭祥	王晓卫
	50	兵器史话	杨　毅	杨　泓
	51	名战史话	黄朴民	
	52	屯田史话	张印栋	
	53	商业史话	吴　慧	
	54	货币史话	刘精诚	李祖德
	55	宫廷政治史话	任士英	
	56	变法史话	王子今	
	57	和亲史话	宋　超	
	58	海疆开发史话	安　京	

系列名	序号	书名	作者
交通与交流系列（13种）	59	丝绸之路史话	孟凡人
	60	海上丝路史话	杜瑜
	61	漕运史话	江太新　苏金玉
	62	驿道史话	王子今
	63	旅行史话	黄石林
	64	航海史话	王杰　李宝民　王莉
	65	交通工具史话	郑若葵
	66	中西交流史话	张国刚
	67	满汉文化交流史话	定宜庄
	68	汉藏文化交流史话	刘忠
	69	蒙藏文化交流史话	丁守璞　杨恩洪
	70	中日文化交流史话	冯佐哲
	71	中国阿拉伯文化交流史话	宋岘
思想学术系列（21种）	72	文明起源史话	杜金鹏　焦天龙
	73	汉字史话	郭小武
	74	天文学史话	冯时
	75	地理学史话	杜瑜
	76	儒家史话	孙开泰
	77	法家史话	孙开泰
	78	兵家史话	王晓卫
	79	玄学史话	张齐明
	80	道教史话	王卡
	81	佛教史话	魏道儒
	82	中国基督教史话	王美秀
	83	民间信仰史话	侯杰
	84	训诂学史话	周信炎
	85	帛书史话	陈松长
	86	四书五经史话	黄鸿春

系列名	序号	书 名	作 者	
思想学术系列（21种）	87	史学史话	谢保成	
	88	哲学史话	谷 方	
	89	方志史话	卫家雄	
	90	考古学史话	朱乃诚	
	91	物理学史话	王 冰	
	92	地图史话	朱玲玲	
文学艺术系列（8种）	93	书法史话	朱守道	
	94	绘画史话	李福顺	
	95	诗歌史话	陶文鹏	
	96	散文史话	郑永晓	
	97	音韵史话	张惠英	
	98	戏曲史话	王卫民	
	99	小说史话	周中明	吴家荣
	100	杂技史话	崔乐泉	
社会风俗系列（13种）	101	宗族史话	冯尔康	阎爱民
	102	家庭史话	张国刚	
	103	婚姻史话	张 涛	项永琴
	104	礼俗史话	王贵民	
	105	节俗史话	韩养民	郭兴文
	106	饮食史话	王仁湘	
	107	饮茶史话	王仁湘	杨焕新
	108	饮酒史话	袁立泽	
	109	服饰史话	赵连赏	
	110	体育史话	崔乐泉	
	111	养生史话	罗时铭	
	112	收藏史话	李雪梅	
	113	丧葬史话	张捷夫	

系列名	序 号	书 名	作 者	
近代政治史系列（28种）	114	鸦片战争史话	朱谐汉	
	115	太平天国史话	张远鹏	
	116	洋务运动史话	丁贤俊	
	117	甲午战争史话	寇 伟	
	118	戊戌维新运动史话	刘悦斌	
	119	义和团史话	卞修跃	
	120	辛亥革命史话	张海鹏	邓红洲
	121	五四运动史话	常丕军	
	122	北洋政府史话	潘 荣	魏又行
	123	国民政府史话	郑则民	
	124	十年内战史话	贾 维	
	125	中华苏维埃史话	杨丽琼	刘 强
	126	西安事变史话	李义彬	
	127	抗日战争史话	荣维木	
	128	陕甘宁边区政府史话	刘东社	刘全娥
	129	解放战争史话	朱宗震	汪朝光
	130	革命根据地史话	马洪武	王明生
	131	中国人民解放军史话	荣维木	
	132	宪政史话	徐辉琪	付建成
	133	工人运动史话	唐玉良	高爱娣
	134	农民运动史话	方之光	龚 云
	135	青年运动史话	郭贵儒	
	136	妇女运动史话	刘 红	刘光永
	137	土地改革史话	董志凯	陈廷煊
	138	买办史话	潘君祥	顾柏荣
	139	四大家族史话	江绍贞	
	140	汪伪政权史话	闻少华	
	141	伪满洲国史话	齐福霖	

系列名	序号	书 名	作 者
近代经济生活系列（17种）	142	人口史话	姜 涛
	143	禁烟史话	王宏斌
	144	海关史话	陈霞飞 蔡渭洲
	145	铁路史话	龚 云
	146	矿业史话	纪 辛
	147	航运史话	张后铨
	148	邮政史话	修晓波
	149	金融史话	陈争平
	150	通货膨胀史话	郑起东
	151	外债史话	陈争平
	152	商会史话	虞和平
	153	农业改进史话	章 楷
	154	民族工业发展史话	徐建生
	155	灾荒史话	刘仰东 夏明方
	156	流民史话	池子华
	157	秘密社会史话	刘才赋
	158	旗人史话	刘小萌
近代中外关系系列（13种）	159	西洋器物传入中国史话	隋元芬
	160	中外不平等条约史话	李育民
	161	开埠史话	杜 语
	162	教案史话	夏春涛
	163	中英关系史话	孙 庆
	164	中法关系史话	葛夫平
	165	中德关系史话	杜继东
	166	中日关系史话	王建朗
	167	中美关系史话	陶文钊
	168	中俄关系史话	薛衔天
	169	中苏关系史话	黄纪莲
	170	华侨史话	陈 民 任贵祥
	171	华工史话	董丛林

系列名	序号	书名	作者		
近代精神文化系列（18种）	172	政治思想史话	朱志敏		
	173	伦理道德史话	马 勇		
	174	启蒙思潮史话	彭平一		
	175	三民主义史话	贺 渊		
	176	社会主义思潮史话	张 武	张艳国	喻承久
	177	无政府主义思潮史话	汤庭芬		
	178	教育史话	朱从兵		
	179	大学史话	金以林		
	180	留学史话	刘志强	张学继	
	181	法制史话	李 力		
	182	报刊史话	李仲明		
	183	出版史话	刘俐娜		
	184	科学技术史话	姜 超		
	185	翻译史话	王晓丹		
	186	美术史话	龚产兴		
	187	音乐史话	梁茂春		
	188	电影史话	孙立峰		
	189	话剧史话	梁淑安		
近代区域文化系列（十一种）	190	北京史话	果鸿孝		
	191	上海史话	马学强	宋钻友	
	192	天津史话	罗澍伟		
	193	广州史话	张 苹	张 磊	
	194	武汉史话	皮明庥	郑自来	
	195	重庆史话	隗瀛涛	沈松平	
	196	新疆史话	王建民		
	197	西藏史话	徐志民		
	198	香港史话	刘蜀永		
	199	澳门史话	邓开颂	陆晓敏	杨仁飞
	200	台湾史话	程朝云		

《中国史话》主要编辑
出版发行人

总 策 划	谢寿光	王　正	
执行策划	杨　群	徐思彦	宋月华
	梁艳玲	刘晖春	张国春
统　　筹	黄　丹	宋淑洁	
设计总监	孙元明		
市场推广	蔡继辉	刘德顺	李丽丽
责任印制	岳　阳		